学校品牌文库

主编：李季

[有为教育校本课程]

主编◎李肖玲　副主编◎冯艳云

教思集
有为之师

JIAO SI JI
YOUWEI ZHI SHI

暨南大學出版社
JINAN UNIVERSITY PRESS
中国·广州

图书在版编目（CIP）数据

教思集——有为之师/李肖玲主编；冯艳云副主编．—广州：暨南大学出版社，2013.11
（学校品牌文库）
ISBN 978－7－5668－0419－8

Ⅰ.①教… Ⅱ.①李… ②冯… Ⅲ.①教学研究—文集 Ⅳ.①G420－53

中国版本图书馆 CIP 数据核字（2013）第 244888 号

出版发行：暨南大学出版社

地　址：中国广州暨南大学
电　话：总编室（8620）85221601
　　　　营销部（8620）85225284　85228291　85228292（邮购）
传　真：（8620）85221583（办公室）　85223774（营销部）
邮　编：510630
网　址：http://www.jnupress.com　http://press.jnu.edu.cn

排　版：广州市天河星辰文化发展部照排中心
印　刷：湛江日报社印刷厂

开　本：787mm×960mm　1/16
印　张：12.25
字　数：230 千
版　次：2013 年 11 月第 1 版
印　次：2013 年 11 月第 1 次

定　价：29.80 元

教思集——有为之师

编委会

总序

我们的认识——

学校特色品牌发展的构想来自德育内生发展理念与鲜活的德育实践有机结合的探索。自2006年成立广东省中小学德育研究与指导中心以来，根据多年的德育研究与实践，我们提出了“德性内生”和学校“内生发展”的理念，以及德育创新促进学校特色发展的理论，并以此来指导一大批课题实验学校和德育特色学校开展从特色到品牌的校本研究，指导学校从德育课题研究中寻找学校改进的方向，从学校传统特色中发现学校特色发展的主题，从学校的优势资源中提炼出学校创新发展的核心理念。

不久，一批以德育创新为“第二曲线发展”推动学校改进的特色品牌学校脱颖而出，诸如广州小北路小学的“阳光德育”、康有为纪念小学的“有为教育”、金华中学的“团队教育”、骏威小学的“童梦教育”、广东实验中学的“导构德育”；广东中山体育路学校的“德美教育”、西厂小学的“活力教育”、林东小学的“叙事德育”和广东佛山九江中学的“点亮教育”、里水中心小学的“内生德育”、顺德一中的“高雅教育”、陈村职业技术学校的“精细德育”、顺峰中学的“和美教育”、西山小学的“享受教育”、广东潮州城南中英文学校的“阳光教育”等。

近年来，全省已经有70多所学校水到渠成地成为这样的特色品牌或特色项目学校。而它们中的绝大部分都已经获得“德育创新奖”、“德育示范学校”和“全国德育实验学校”的称号。不仅如此，这一探索更广泛的意义在于，有效地推动了先进德育理念与德育实践有机融合的校本德育研究，有力地带动了德育创新促进学校特色发展、创新发展、品牌发展的热潮，展示了从特色到品牌的学校持续发展的路向。

我们的理解——

从特色到品牌是学校创新发展的必由之路。什么是学校特色发展？学校如何从特色演进为品牌？

我们可以把学校特色理解为一种独特的风格、影响力与发展力。它具有“人无我有”的原创性与独特性、“人有我优”的领先性与优质性和“人优我变”的发展性与持续性。

然而，学校特色不仅在于它的独特个性，还在于它要有自己的核心理念，要形成最适合自己的模式体系和校本文化特质。

而更为重要的是，学校特色品牌必须是学校的精神追求与价值取向的集中体现。

唤醒、凝聚、形成学校积极进取和不断向上的精神，才是学校特色品牌发展的本质内涵、真正使命和必由之路。

因此，特色资源诊断、核心理念提炼、模式体系构建、教师行为落实和学校精神营造是从特色到品牌之路的五个基本步骤。

我们的愿景——

在“发展才是硬道理”的时代，无论是什么类型的学校，或者无论现在处于什么境况的学校，都有发展的需要。质量高的名校需要更上一层楼；不甘人后的学校需要跃上新台阶；曾经辉煌的学校需要再造辉煌；徘徊不前的学校需要突破瓶颈；排位居后的弱校需要发奋图强。

“理论是灰色的，而生活之树是常青的。”把灰色的理论变成绿色的理论，指导更多的学校发现最适合自己的发展路向，让更多的学校找到从特色到品牌发展的途径，成就更多的学校、校长、教师、班主任的品牌理想，是“品牌工作室”的使命，也是“学校品牌文库”的愿景。我们将为此而不断努力，上下求索。

我们理想中的学校品牌文库，不仅是特色学校、品牌学校、学校特色项目、名校长、名教师和名班主任的汇集，更是让每一类学校通过“第二曲线发展”而改进自己、成就自我的平台。

这既是我们的愿景，也是与学校共同发展的一种共勉。谨以此为序。

李　季

2013 年 9 月 1 日

前言

人们常说教师是“人类灵魂的工程师”，教师是“园丁”，教师是“春蚕”，教师是“蜡烛”……这些比喻多么形象和确切啊！但无论这些形容教师的辞藻多么华丽，戴在教师头上的光环多么耀眼，有一点我们必须承认，教师是影响学生人格和个性发展的最重要的人。百年大计教育为本，而教师又是教育的根本。之所以是根本，是因为教师承担着实现教育的意义和价值传承的使命。由此可见，教师在教育中的地位和作用不言而喻。但要积极地影响学生的人格和身心和谐发展，教师必须首先要养成健全的人格，坚守“用人格影响人格”的道德情操，感怀家长的衷心托付和社会的殷切期盼，把学生培养成对国家有用的人。从这个意义上说，良好的师德又是多么重要，它是决定教育成败的关键。

基于此，我校把师德建设始终放在教师队伍优先建设的突出位置。目前，我校正如火如荼地开展“有为”教育模式研究，并借此努力打造一支高素质的“有为之师”。所谓“有为”，顾名思义就是有所作为，而有所作为首先就是“德为先”。经过长期的思考与实践，“有为文化”作为我校特色品牌文化发展的格局已初见端倪。因此，我校组织编写组，在有关专家的指导下编写了这本书，可以说是我校师德建设的成果之一，也是教师多年为师从教的心得述说。需要特别强调的是，这些作品与其说是教师的成果汇编，还不如说是教师的激情倾诉，因为教育本身就是一项激情的事业，正是这项激情的事业才使为师者有了得天独厚的倾诉机会。从为师者的倾诉中，我们每一个人都可以清晰地聆听到他们字里行间迸发出的激情心声——其情也真，其意亦切！

本书共分七章，分别是：第一章“爱的事业”，第二章“师德情怀”，第三章“教育智慧”，第四章“有为故事”，第五章“成长叙事”，第六章“教育自觉”，第七章“有为教师”。这些文章大部分为我校教师所写，其中也收录了全国名师的作品，一起集结成册，想通过名师与名师的思想碰撞，以达到互借互鉴、互学共进的目的。

需要特别感谢的是，本书在构思和编写过程中始终得到广东第二师范学院李季教授、广州市教育科学研究所李广超博士的鼎力支持和热情帮助。李教授从本书的构思到提纲的拟定再到修改定稿都提出了很好的建议，又亲力亲为修改文稿；李博士在组织我校教师编写和修改过程中几次召开编写组工作会议，并亲自改稿润色；李肖玲校长亲自挂帅，冯艳云副校长全力支持，全体编写人员通力合作，使稿件数易其稿，日臻完善。最后还要感谢暨南大学出版社的编辑们所付出的辛勤劳动，是他们严谨认真的审读和校对才使本书保质保量，并如期付梓。

由于时间仓促，错漏之处在所难免，恳请读者不吝赐正。

编　者

2013 年 9 月于广州

目 录

第一章 爱的事业

第二章 师德情怀

第三章　教育智慧

第四章　有为故事

第五章　成长叙事

第六章　教育自觉

第七章　有为教师

第一章
爱的事业

爱是温暖，爱是教育，没有爱就没有教育。爱本身就是一种巨大的教育力量，博大的爱又如绵绵春雨，滋润着春苗茁壮成长。热爱学生是教师的天职，是教师职业道德的体现。下面就让我们一起分享有为之师爱的事业吧。

一

倾听天籁　沟通心灵

倾听花开的声音，我们能读懂花儿的心思；倾听溪水的歌声，我们能感受山林的呼吸；倾听孩子的心声，我们能走进孩子的心灵。只有走进孩子心灵世界的教育，才能引发心灵深处的共鸣。20 年的班主任工作使我深切地体会到：班主任要耐心倾听，才能走进学生的心灵，学生才会亲近班主任，师生之间才会架起一座信任的桥梁。

（一）感受心灵，倾听心灵的呼声

孩子幼年时受到的挫折或失败，对其一生都有影响。低年级的孩子遇到问题，如果埋在心里的话，不仅影响学习，还影响身心健康。但是，如果老师通过倾听，帮他们找到问题的症结所在，帮他们逐渐提高应对挑战的能力，学会控制并处理自己的情绪，就能让孩子进行自我教育。

一天中午，学生小盼哭着跟我说："小雨和小涛不愿意和我做朋友了。"我知道他们几个经常在一起玩，是比较要好的朋友，怎么会突然出现这种问题呢？我决定先了解一下具体情况。

我先安抚了小盼的情绪，让他能平静地讲述事情的经过。通过讲述，我了解到原来是因为小雨和小涛要小盼跟他们一起去校门口买东西，但小盼不愿违反学校的规定，还劝说他们不要去，结果小雨和小涛就说，如果不去就不再跟他做朋友了。

听了小盼的话，我首先表扬了他，肯定了他不跟随他们外出买东西的做法，告诉他真正的朋友就应该在朋友犯错时及时地指出并进行劝说。

然后，我又叫来了小雨和小涛，与他们进行了一次谈心。"你们觉得朋友的含义是什么呢？"我开门见山地提出了这个问题。小涛说："朋友就是在一起玩的啊。""是啊，朋友就应该什么事都在一起做啊！"小雨也说。原来，在小孩子的心里，朋友就是这样的。也许等他们长大后会自然而然地明白"朋友"的真正含义，但如果能利用这个机会提早教会他们，不是更好吗？于是，我就“朋友到底是什么”这一话题与他们俩进行了一次深入的谈话，告诉他们古人说的“君子之交淡如水”的意义，让他们明白真正的朋友既要分享快乐、分担忧愁、相互关心，又要有自己的想法。正如古人所说的“君子和而不同”。别看他们年纪小，但在经过我的一番说教之后，他们懂得了“朋友”的真正含义，他们之间的问题也就解决了。

随着学生的成长，他们会慢慢领悟“朋友”的真正含义，不一定要老师来教导，但有些学生可能还不一定能理解。古人云：师者，传道授业解惑也。这其中就包含了教师应该教学生做人的道理，帮助他们走好人生的每一步。因此，有这样一个好机会，怎能将之放过呢？而且通过感知孩子心灵，与孩子敞开心扉地交流，的确让他们对“朋友”有了新的认识，相信他们在今后的生活中会更加珍惜朋友。

（二）走进心灵，进行“心”的交谈

我和孩子们是用“悄悄话”的方式进行沟通的。我在要求学生们写的周记中，增设了像悄悄话一样的栏目。让孩子们随时把想说的话写在自己周记里，想写什么就写什么，然后我给孩子们回复。这让我和孩子们有了情感的碰撞和交流，悄无声息地走进孩子们的情感世界，体会他们的喜怒哀乐。我的班里有个调皮的学生小琪，二年级一开学就让我头疼。各科老师都向我告他的状，我和他妈妈一再跟他谈话，可是他的毛病就是改不了，而且比较情绪化。有一次他又犯错误了，被气坏了的妈妈说：“我们以后都不喜欢你了，都不要你了，你以后爱干什么干什么去吧！”后来这孩子用拼音给我写了这么一段悄悄话：“在音乐课上我表现不好，在品德课上我表现不好，简老师批评我，我也不改。现在妈妈不再喜欢我了，简老师也不再爱我了，大家都不要我了，我该怎么办？”孩子还在旁边画了个哭脸。看了以后我心中有点隐隐作痛，一个六七岁的孩子在犯错以后，我们给他的只是指责和批评。其实他不是一个坏孩子，是可以教好的。让他变成好孩子不是难事，这需要我们对孩子充满信心，让他感受到老师的支持和关爱。

孩子们在写悄悄话的过程中锻炼了自己的文笔，更有孩子在全国小学生作文大赛中荣获一等奖。悄悄话这种沟通方式让老师和学生变得更亲近，让老师走进了孩子的心灵世界，和孩子心贴心。我总结了一下回复孩子时应遵循的几个原则：要写在学生的品德迷失处；要写在学生心理阴郁时；要写在学生的质疑问难处；要写在学生进步提高时。悄悄话是我对孩子实行的一种全接纳、慢引导的教育方法。

（三）用爱心抚慰孩子的心灵，让他们扬起前进的风帆

苏联教育家捷尔任斯基曾说："谁爱孩子，孩子就爱他，只有爱孩子的人，他才能教育孩子。"

"不懂得关爱学生的人，不配入教育的圣殿。"教师只有关心学生，才能获得学生的尊重；只有了解学生，了解学生的家庭，才能更好地对学生进行教育。

我始终认为，成功的老师应当走进学生的心灵，优秀的老师应当成为学生思想上的朋友，精神上的引路人。其实要做到这些真的很不容易，这半学期的班主任工作经历，让我感悟最深的就是：如果你想让学生喜欢你、爱你，那么首先你要爱学生。把爱洒向每一个学生，使每一个学生都感受到你的爱心。班主任的爱心可使优等生产生一种使命感、责任感；使后进生产生一种紧迫感、尊重感；使班集体朝着团结奋进、进取向上的方向发展。尤其对后进生来说，爱心更是雪中送炭、雨中送伞，实际上后进生更渴望得到老师、同学、家长的信任和尊重。在班里，我经常对孩子们说："站在讲台上，我是你们的老师，下了讲台，我就像你们的妈妈一样。"孩子们听到这话，觉得老师把自己当成亲人来看待，自然就会增进与老师的感情，班级气氛、师生关系就会更融洽。

我们要学会与学生谈心，学会倾听孩子的心声，现在的孩子自我意识、自尊心都很强烈，一味地指责与批评只会引起他们的叛逆心理。不过与学生谈心，也得注意方法与时机，要保证师生间有真正的沟通。单一的说教相比于恰到好处的谈心所带来的效果不可同日而语。因此，针对不同的学生、不同的情况，我采用了不同的方法。对于班里品学兼优的学生来说，他们的领悟能力好、承受能力较强，也比较容易接受我对他们的指导和意见，他们有何不足，我会直接点明，希望他们更上一层楼；对于起点较低、基础较差的学生，耐心成为班主任具备的基本素质之一。后进生之所以成为后进生，必有其特定原因，而且往往是某种不好的因素长期积累而造成的结果。对于这一点，我非常清楚。我对他们有足够的耐心，并给他们更多时间与机会，无论是在和他们谈话还是在教育过程中，都不操之过急。

班里有一个学生，很让老师头疼，他不仅行为习惯不好，而且还有些许暴力倾向。我也早就"领教"过他的招数了。开学不久，班上的很多孩子都来投诉他。我意识到一味地批评是没用的，还不如"软硬兼施"。于是我和他耍起了嘴皮子功夫，他一有状况，我就立刻把他叫到身边，先来个严厉的批评，然后再哄回他，和他说大道理，在他心悦诚服后才放他走。但感觉效果还不是那么明显。有一次，班上的小关跑过来投诉他，我把他又叫到办公室，这孩子不仅没道歉，

反而委屈地哭起来。他边哭边说："老师，我觉得你偏心，经常批评我。"我心头一紧，这孩子怎么有这样的心理。我把他带到一间空教室，和他面对面谈了一个多小时。在谈话过程中，我了解到他因为成绩不好，但又想引起老师对他的关注，所以才会用多动、故意表现不好来引起老师的注意。正因为这样，班上的其他孩子也不大喜欢他。在谈话中，我让他明白老师的批评也是关爱他的一种表现，我帮他找出自己的优点，并且鼓励他去发扬优点，改正缺点，有什么困难可以找老师帮忙解决。通过这次谈心，这孩子真的慢慢进步了，行为习惯方面比以前也好了很多。

通过这件事，我意识到老师不能一味地批评孩子，也不能经常以一种高高在上的姿态去看待孩子，我们要学会倾听孩子的心声，学会"弯下腰"去理解孩子。

那年的教师节，我收到了这位学生送给我的一张爱心卡，上面写着："亲爱的简老师，您好！非常感谢您的教导。从小我的基础就不好，只要一碰到难题就头疼，我也不敢去问老师，怕被老师批评。但您不同，每次我去问您问题，您总是微笑着耐心地解答，如果我还不明白，您会换个角度不厌其烦地讲给我听，直到我听懂为止。真的很感谢您——我的老师，让我不再害怕学习了。"看完以后，我既深深地感动，又深深地反思：我只是履行了一个教师应该履行的职责，用宽容之心看待孩子的缺点，用期待之情发掘他们的优点，帮孩子点燃希望的灯塔，让纯真的心灵扬起风帆，自主前行，没想到竟给他们如此大的影响。

心中有爱，哪怕只是一个微笑、一次抚摸、一句问候、一次赞扬，也常常会使学生兴奋一天、温暖一天。而伴随着这种心情，学生学习起来自然也会开心和努力。

细细想来，教师是非常美好的职业，学生就像我们的孩子一样，虽然有时会有一些叛逆，也会生出一些"事端"。但只要我们真心实意地去倾听、接纳他们，合理地引导他们，真诚地关爱他们，蕴藏在他们心灵深处的好学、善思、知情、感恩等美好的天性，就一定会像沐浴在雨露春风中的禾苗一样茁壮成长，并结出饱满、甜美的果实。

（康有为纪念小学　简惠娟）

二

爱可以创造奇迹

“没有爱就没有教育”，作为一名教育工作者，我对这句话非常认同——教育是一门爱的艺术，教师时时刻刻关心学生、爱护学生、理解学生，美好的情感会给学生温暖和动力，有利于学生成长。在融洽的师生关系下，教师才能顺利地开展教育工作。

对调皮生、后进生、问题生的教育，我们一线的老师花费了太多的心血，坚守了太长的时间。然而有的孩子却始终是无法点化的顽石，在恨铁不成钢的情绪影响下，老师们那颗包容的心逐渐失去张力，直至最后彻底放弃了这些孩子。

教育是一门需要耐心的艺术，真正的教育不是刻板说教后换来的立竿见影，而是给予孩子真挚、持久的关爱，使孩子渐渐养成良好的行为习惯和学习习惯。如果对待孩子的种种问题心浮气躁，只会让孩子产生对抗情绪和逆反心理，这样就不利于转化他们。要坚信正确的引导和耐心的等待一定能唤醒孩子们那颗奋发上进的心。

我的班里有个非常让人头疼的学生叫小林，他自小父母离异，与妈妈相依为命。可是他的妈妈却极不负责任，对孩子疏于照顾到了让人震惊的地步——孩子的晚饭经常没有着落；留孩子单独在家连续 5 天之久；不注重孩子的个人卫生，孩子经常好几天不洗澡、不刷牙、不洗脸就上学，身上的异味把同学都熏哭了……长期缺乏照顾与监管，造成小林极大的心理偏差，每天在学校总是发泄负面情绪，与同学交往容易起矛盾；思想偏激，只会指出别人的不是，从不会在自己身上找原因；给班级带来严重的安全隐患，破坏了班级和谐的气氛。

这样的同学，自然得不到大家的喜欢。作为老师，我却没有把他当作麻烦的制造者，每天总是主动地和他打招呼，拍拍肩膀摸摸头，让他切实感受到老师的关爱，让他知道在成长路上他并不孤单，以此弥补他情感上的缺失。平日里找准时机反复找他谈心，我愿意静静聆听他对生活的抱怨及种种不如意的事，在感同身受的同时加以安慰，再以自己的乐观态度感染他，通过拉家常用生活智慧引导他。渐渐地，我发现在交谈时他的语速变慢了，语气变柔和了；他逐渐建立起健康、积极的人生观，也学会站在别人的角度去思考问题，暴躁的情绪也慢慢平和了。当然，有时我也会因他的顽劣或一错再错而非常生气。但是，我总是克制住自己情绪，慢慢地向他坦言我的失望和难受，这真切的情感流露最能打动人心，他常常会羞愧地低下头，不敢触及老师忧伤的眼神，强烈的心灵震撼使得这颗偏执的心逐渐柔化了。而且我总是有意无意地跟同学们讲述他的不幸遭遇，告诉同学们他的种种过激行为恰恰是他渴望得到大家友情的表现。同学们渐渐地也能理解他内心的痛苦，并给予他无私的关爱。每次他与同学发生冲突时，同学们尽管受到伤害却学会用爱去包容他。虽然在这几年的小学生活中，小林一直都与同学们有肢体冲突，但大家明显感觉到这些冲突的伤害性在逐渐减小，从低年级时把同学打倒在地再用椅子砸头还觉得不解恨，到后来打同学一拳就哭着道歉，这难道不是大家的爱心和耐心“等”出来的良性结果吗？

“没有爱就没有教育”——爱可以创造奇迹！让我们携爱而行，将爱的教育进行到底，在孩子们心中播撒一片爱的阳光！

（康有为纪念小学　叶丽蓓）

三

人生最大的美德是宽容

宽容是一种美德，是一种胸襟，更是一种爱。

“海伦，又没有带书?”这孩子从开学以来，就总是魂不守舍、丢三落四。上课思想开小差，做作业马虎，单元考成绩一落千丈，无数次连班主任上的语文课的书都不记得带，到底出了什么事情？接手以来，这个黑黑瘦瘦、沉默寡言的女孩除了有点着装不整洁，交伙食费有点迟以外，还算乖巧懂事、踏实听话。

一天晚上十点以后，我的手机反复响起，一向对陌生电话不接的我，这次却忍不住接了起来：“邓老师，这么晚还打扰您，真是对不起。我是海伦的爸爸，刚回家。家里的事，作为一个大男人，真是有点不好意思向外人开口讲。孩子两岁时，她妈妈就和我离婚去了广西打工，直到今年春节才回到广州。现在在孩子舅舅开的一家餐馆里打工，我想通过孩子让她妈妈回家，可孩子嘴笨，我直接去找她妈妈，她妈妈又不接受。邓老师，我知道您很善良，又很关心海伦的成长，能不能帮我劝劝孩子的妈妈……”放下电话，我沉思良久：这难道是我当老师要去做的事情吗?

第二天早上，我忍不住在黑板上写上“师者，传道授业解惑也”。并请同学们解释一下是什么意思。没想到居然有学生基本解释对了，而这个学生还是海伦——“老师是教学生道理，并传授学业、解答疑问的人”。话音刚落，只见海伦满脸通红，很难为情。这个孩子是聪明的也是敏感的，昨晚她爸爸给我打电话的事她肯定知道。于是，我赶紧叫她出来，小心翼翼地问她家里的事，果真跟她爸爸说的一样。而且加了一句“爸爸天天逼我要妈妈回来一起住”。说话间，我觉察到孩子时而渴望，时而无奈，时而迷茫……

在海伦爸爸又一次请求下，我答应把海伦妈妈约出来谈谈。第一次给海伦妈妈打电话时，没接；第二次打电话，关机；第三次是她自己打电话来找我，这是我没想到的，所以当时因为高兴就赞赏了她几句，她主动约我周三晚上在学校西门口一家酒楼见面。记得那天下了很大的雨，天气还有点寒冷，放学后我带着海伦穿梭在并不怎么熟悉的西门口各条大街小巷上，终于找到了孩子妈妈说的那家酒楼，那时已经8点了。我跟海伦妈妈谈了将近3个小时，海伦妈妈不停地诉说生活的不容易，诉说她对这段婚姻的不满……而我不断地开导、劝慰她。最后，我不得不与她重点谈宽容的话题，同时也把这样一段话送给海伦父母共勉：“人生最大的美德是宽容，就像大海，无论是汹涌澎湃，还是风平浪静，它都可以承受；就像天空，不管是电闪雷鸣，抑或是碧空万里，它总是能平静对待。最广的是天，最阔的是海，如果我们也能像天空、大海那样宽容一切，相信最美的一定是心。记住别人的优点，忘记别人的缺点；记住别人的好处，忘记别人的错处。以真诚的微笑去宽容和理解，既能感化别人，又能给自己带来一份好心情，何乐而不为呢?”

后来，海伦父母复婚了，我所见到的海伦变得干净漂亮、开心活泼了，学习也有了进步。爸爸每次给孩子批语时都很用心。

宽容是爱，是善待自己，也是善待别人。宽容不仅度人，也能修己。只有宽容的教育氛围才有利于孩子的全面成长和个性发展，宽容的老师润物无声，宽容的老师道德高尚，宽容的老师魅力无穷!

（康有为纪念小学　邓江南）

四

有为教育，带着爱与祝福飞翔

生命因爱而来，世界因爱而在！

教育，其实就是用生命去影响生命的过程。而沐浴在爱与祝福中的人，都一定比较愿意、比较容易接受好的影响和改变。而有为教育正因此而产生。

参加一年一度的广州市小学数学奥林匹克培训学校入学考试，对于四年级的学生来说是一件大事，也算一项“赛事”！因为很多孩子都进行了一个学年以上的认真学习和刻苦训练，所以家长、孩子们都对考试抱有比较高的期望。

一天，一节数学课快要结束了，四年级（2）班的同学们都在做课堂作业。

我提醒同学们周六考试的时间和要带的考试用品。

想起了这次考试，张蕴贤马上对我说：“郑老师，我越来越紧张了。”

小贤这么一说，好多同学表达了相同的感受。

我说：“这样啊，那就带一瓶矿泉水去吧。紧张的时候，就对着水说，让我安静下来，想好每一步，发挥最高的水平。然后喝上一两口水，再继续做题。”

小垣同学立刻问：“为什么要这样？”

我说：“因为——水知道答案。”

全班学生：“水知道答案?!”随后，大家都笑了。

《水知道答案》这本书主要描述了日本江本胜教授做水实验的过程和结论：当对水说爱语、美语时，水结晶是非常漂亮的；当对水说粗言秽语时，水结晶就很丑或无法结晶。由于我利用综合实践课和学生们一起学习书的内容，大部分学生都看过这本书，所以他们异口同声地作出反应，并会心地笑了。通过平时的教学渗透，孩子们开始学会了爱与被爱，学会了祝福与接受祝福。而在那次入学考试中，四年级（2）班的同学都发挥得很出色，全班33位同学中有6位考入了广州市奥校，4位同学被录进重点班。实施正能量的教育，才能最终实现“有为”人才的培养。

当我们要给孩子好的影响，要让他们作出变化时，最好的办法并不是简单地提要求。“提要求”能量最低，“提希望”能量高些，但也并非是最好的。最高能量的教育是“给祝福”。“给祝福”让人在潜意识中感受到施与者对自己“绝对的信任”和“完全的接受”的心理状态。因此，被祝福的人得到了最高的能量，最容易听从之并努力奋斗。

由于四年级（1）班的很多学生读题不够认真、计算比较粗心，平时测验的成绩在全年级不算很好，且满分的人数往往也是最少的，但我很少因此而批评他们。我的做法是：接受并想办法帮助他们改变这种状况。

在刚结束的这个学期，在离数学期末考试还有二十分钟的早读上，我带领四年级（1）班的学生进行静思。闭上眼睛，想象着试卷就在眼前；祝福自己可以认真读懂每一道题的每一个字、每一句话，算准每一道题……祝愿自己通过耐心、细心的反复检查能拿到满分。当以祝福的形式将所有的要求纳入学生的意识中去时，我发现他们发挥得很不错！成绩揭晓，四年级（1）班十几名学生在期末考试中拿到了满分，满分人数史无前例地居全年级之首。

我爱我的学生，关注他们的一切表现，相信他们每个人都能发挥自己的潜能，并成为有为人才。我与他们的心联结在一起，祝福并想尽办法帮助他们变得更好！我也感恩我的学生，是他们让我体验到工作的成就和美好！

爱和感恩创造了世间最大的正能量。当我们向孩子们传递爱，施与正能量的时候，孩子们在接受的过程中也会感受到美与乐，教学便成为一件美好的事情！

在有为教育的美好天地里，让我们和孩子们一起带着爱与祝福飞翔吧！

（康有为纪念小学　郑明慧）

五

蹲下来，倾听孩子的声音

曾听过这样一个故事：有一位年轻的妈妈喜欢逛商场，但每次她领女儿逛商场时，女儿总是哭闹着不愿进去。这位年轻的妈妈百思不得其解：商店里的商品五花八门、琳琅满目，让人目不暇接，小孩子为什么不爱来呢？

终于，有一天她发现了其中的奥秘。

这天，她带着孩子在商店熙熙攘攘的人群中挤来挤去。女儿的鞋带开了，她蹲下身来，给孩子系鞋带。就在这一瞬间，她忽然发现，眼前的情景是多么“可怕”：矮小的孩子，还没有柜台高，她的眼睛根本就看不到琳琅满目的商品，看到的只是大人们一条条的大腿和一双双手。那一只只来回摆动的胳膊、一个个带棱角的背包，时不时会磕碰到孩子的小脸和弱小的身体。看到这一幕，年轻的妈妈这才明白女儿哭闹的原因。

第一次听到这个故事是在大学课堂上，老师告诫我们：作为未来的教育工作者，特别是小学教育工作者，应该明白“蹲下来看孩子”的道理。从那时起，我就在心中默念：以后我一定要蹲下来和孩子交流，成为他们真正的朋友。

没想到走上工作岗位的第一年我就接手了一个一年级的班级，并且担任班主任，这下要真正与孩子们接触了。刚刚进入小学的孩子是天真可爱的，对周围的一切都充满了好奇，但往往也是调皮捣蛋的，因为他们心目中还没有“规矩”这个概念。俗话说“没有规矩，不成方圆”，所以我就先给他们立上“规矩”：每天按时到校；在课堂上要认真听讲，不可以随便讲话，更不能随意离开座位；做操要排成整齐的队伍，不应该东张西望……为了让孩子们尽快适应小学生活，我想尽了一切办法，真可谓“黔驴技穷”了。很快，一个月就过去了，我事必躬亲，忙得焦头烂额，可孩子们并不买账。课上照样有人讲话，写字时依然有人站着，课间操的队伍还是歪歪扭扭……

为什么我的付出孩子们一点都体会不到，依然我行我素呢？有时真的很生气，觉得自己是在对牛弹琴。于是，我开始反思自己的教学和班主任工作，忽然又想起了那句“蹲下来看孩子”的善意提醒。虽然我早就明白这个道理，但在工作中又何尝真正去做了呢？我总是以师者的身份去俯视学生，认为与这些小孩子无法进行正常的沟通。当孩子们犯了错时，又常常对他们大呼小叫，举起棍棒吓唬……

一次偶然的机会让我有所改变。那天，孩子们正在写字，我还是像往常一样查班，纠正“两姿”（握笔姿势和写字的坐姿）。这时我看见地上有块橡皮就俯身去捡，却偶然发现那个孩子的脚竟然悬在半空。随后我又留心观察了其他学生，又发现了几个这样的情况。我们写字要求脚放平，他们怎么能做到呢？课后，我找来几个孩子询问：“为什么你们上课听讲或写字时总喜欢站着？”可能他们以为我又要批评他们了，谁也没说话。一个孩子抬起头看见我是面带微笑的，这才开了口：“我坐在凳子上，伏在课桌上很不舒服，还会把作业本弄皱。”其他孩子也跟着附和。多么可爱的孩子啊！此后，我取消了以前的规定，并立下新规定：上课必须坐端正听讲、写字，允许坐着不舒服的人站起来听课。孩子们露出了可爱的笑脸。

作为教师的我们总是喜欢以一条硬性标准去要求所有的人，殊不知，每个学生都是一个独立的个体，有自己的个性，有不同的需求。我们只有蹲下身来，倾听孩子的声音，从孩子的视角去观察世界，用孩子的心灵感知世界，才能了解他们的所思所想。保持童心，才能走进孩子的心里，才能和孩子做朋友，也才能教育好孩子。

在教学中，我总是尽力想办法去激发学生学习的兴趣，调动他们学习的积极性，但有时我精心准备的内容并不能如我所愿地吸引到孩子的注意力。尽管我卖力地给他们讲故事，教他们有趣的儿歌，搜集谜语让他们猜，总还是有部分学生自己忙自己的，似乎只有他一个人的世界才是最精彩的。怎么办？怎样才能吸引到更多学生的注意力？这时，我又想起了那句“蹲下来看孩子”的话语。课间，我想方设法与孩子们交流，了解他们的真实需要，寻求他们的内心想法。

一次，一个调皮的小家伙问我：“老师，我们什么时候讲故事比赛啊？”讲故事比赛？我这才想起了自己以前说过的话，为了鼓励孩子们多读课外书，我说过“大家要多读书，增长知识，到时候我们举行讲故事比赛，把你读过的故事讲给大家听，比一比谁讲得最精彩，到时候我们还会评出班里的‘故事大王’”。当时，我只是随口说说的，没想到孩子们倒是记在心上了。

第二天，我利用兴趣活动课组织大家进行讲故事比赛，谁先准备好就先上讲台去讲，其他同学认真听。真没想到，效果出奇地好！课堂上安静得很，没有了平日里的喧闹，孩子们都在仔细地听其他的小伙伴讲故事。偶尔还会插一两句“不是这样的”，“应该是……”孩子们有条不紊地上去讲故事，讲的精彩，听的也认真，这完全出乎我的意料。难怪著名教育家陶行知先生曾写道：“人人都说小孩小，谁知人小心不小。若是小看小孩子，便比小孩还要小。”看来，我以前真是小看他们了。有些孩子的故事完全是自己编出来的，但编得像模像样，还有完整的情节。孩子们给我上了一堂课啊！

新课标强调要充分发挥学生的主动性。一点没错，孩子们想要自己自由地发挥，而不是仅仅由教师给他们讲书上的故事，难怪我平时给他们讲故事，有孩子要“溜号”。听了孩子的心声，组织了一次讲故事比赛，收到了意想不到的效果，让我再一次明白了蹲下来倾听孩子的声音是多么重要，也多么必要。

以往在课堂上，当学生回答问题错了的时候，老师会发脾气：“这么简单的问题，都不会答”；学生作业做错了，老师会发脾气：“都讲了几遍了，还不会做”；学生违纪了，老师会发脾气：“说过多少次了，还记不住。”你也许要问，怎么老师总爱发脾气？这是因为我们把学生估计得太高，总是以成人的眼光去看我们所教的学生，所以学生会令我们失望，也就忍不住大发脾气了。

如果我们能蹲下来，放下老师的架子，到学生中来，以学生的眼光、学生的心态来看待学生，我们就会发现他们所犯的一些错误，是那么合情合理。学生回答问题错了，说明他还是思考了，只不过思考错了，我们不妨鼓励他坐下来再想一想，为他下一次举手增添一份勇气。学生作业做错了，说明他没听懂，我们不妨和他一起来分析、解决问题，帮助他获得成功的喜悦。学生违纪了，说明他的自制力还不够强，因为他还是一个孩子，我们不妨帮他去认识自己，做到知错能改，为他的成长增添光彩的一笔。

老师们，蹲下来吧！蹲下来看孩子，你会看到另一片天空，很美，很美！蹲下来倾听孩子的声音，你会听到另一种旋律，宛转、悠扬！

［摘选自从玉华：《蹲下来，倾听孩子的声音》，载《小学教学》（数学版），2010 年第 12 期。］

六

将爱进行到底

——读《班主任工作的55个“鬼点子”》有感

翻开《班主任工作的55个“鬼点子”》，有这样一段话映入我的眼帘：班主任工作饱含太多的诗意与艰辛、太多的获得和奉献、太多的追求和跋涉、太多的责任与义务……阅读着一个个故事，我的眼前浮现出我与孩子们相处的点点滴滴。

（一）真心与爱心

真心关爱是春天里的绵绵细雨，润物无声；是夏日里的习习凉风，沁人心脾；是秋日里的累累硕果，甜中带酸；是寒冬里的暖暖斜阳，温柔无限……

书中的“点子12 真心关爱法——将爱进行到底”，讲述了退休的夏老师翻开学生寄来的明信片而回忆往事：刘二毛是一个“坏坏的小和尚”，因为迷恋功夫片，主动剃度，因此得名。正因为迷恋功夫片，他总爱和同学“切磋武功”，不是这个同学被他打落了门牙，就是那个同学被他打得鼻子流血。本班、别班同学来告状的一大堆，为此可没少让夏老师费心。一次，刘二毛无意中竟然打断了一个学生的腿，家长怒气冲冲找上门来，校领导为此伤透了心：“害群之马，杀一儆百。”校长态度坚决。而夏老师却为此与校长针锋相对：“惩前毖后，治病救人，绝不能让一个学生落下。”在夏老师的据理力争下，“胳膊”竟然拧过了校长的“大腿”。而这一切，都被窗外的刘二毛听得真真切切。事后，他“扑通”一声跪倒在夏老师面前。从此刘二毛与打架斗殴绝了缘，现在已经是部队的营长了。

虽然我没有遇到这么惊心动魄的事件，但深知真心与爱心是教育的前提。面对班上的问题学生，是否能以真心待之？面对那些无法容忍的错误，是否能以爱心转化？如果把所有的学生都当成自己的孩子，把所有的错误都当成孩子发展中的正常现象，那么我们就一定能做到。把学生当成自己的孩子，尽管他不够优秀、不够完美，但他始终是自己的孩子。曾经有一个同事在办公室抱怨自己的孩子学习不够优秀，我戏说：“那我们换孩子吧？”“那可不行，再怎么不好，那也是我的孩子。”同事说。如果把学生当成自己的孩子，那么何愁没有真心与爱心？偶尔看见女生 A 的头发散了，悄悄地喊她到办公室，帮其扎好，虽然自己手艺笨拙；得知孩子 B 的父母不在本地工作，其跟随奶奶生活，因为“我给祖国妈妈写封信”要求电子稿，而奶奶不懂电脑，我也会高兴地为其打印好；督促并帮助住宿生完成英语口语作业等。这些都是发自内心而不求回报的，就像对待自己的孩子那样。

（二）耐心与细心

翻开《班主任手册》，我们就会发现，里面栏目甚多：平时观察记录、评语、成绩、家访记录、个案记录……可见，作为一名班主任，要有足够的耐心与细心去观察每一位孩子。观察不仅是为了完成一本手册，更多的是去了解他们。

书中的“点子 2 实践反思法——应当反思的是我”。面对一个失败的教育个案，进行自我反思后，得出自己班主任工作不够细致。本文中的学生小聪接二连三的异常表现都未引起班主任的足够重视。学生失眠，班主任认为他是夜猫子型的；学生生活费缴不上来，班主任也认为是学生的父母太忙，一时疏忽；学生捡废品缴生活费、比赛考试失误，班主任也都没有找学生认真了解情况。直至学生期末考试彻底考砸了，才向班主任吐露实情：因为父母在广州打工时，加入了传销团伙。了解真相后的班主任无比自责，随即与孩子的父母通过书信、电话联系，让孩子的父母觉醒，一家人的生活才回到正常的轨道上。孩子学业也没耽误。

（三）恒心与“狠心”

每次开会时，校长总会强调：班主任要抓好学生的常规。“常规”一词包含的面太广了，一段时间以来，虽然我努力关注，但也总是百密一疏，有时甚至几疏。我也总结出来了，出问题是正常的，关键是出了问题用怎样的方式去解决，是否有解决问题的恒心与“狠心”。

书中“点子 41 民主自律法——半个馒头与千字反思材料”中，问题来自同学中有把吃不完的馒头乱丢乱扔的现象。班主任把这个问题抛给全班同学进行讨论，并形成班规。最后大家决定：如果还有此类现象出现，就要丢馒头的同学把馒头捡起来洗干净吃掉；并按半个馒头一千字的反思材料进行累加。这看起来有些苛刻与过分的惩罚，正因为力度大，所以几乎没人敢犯。偶有人犯，“检查人员”也会铁面无私地执行，其他人哪还敢碰触啊？最终这条班规成了摆设，完全

“失业”了。

是啊，没有惩罚的教育是不完整的教育。没有严厉的班规，哪来良好的班风与学风？没有解决小问题时的恒心与“狠心”，小问题也会酿成大问题。

一个优秀的班主任就像一位高明的魔术师，她总能把一个“差班”、“乱班”治理得井然有序，焕发出无穷的活力。而一个缺乏工作经验的班主任会使班级变成一盘散沙。作为一名老师，谁也不愿走进一个像散沙般的班级；作为一名家长，谁也不愿将自己的孩子送进一个混乱无序的班级；作为一个孩子，他那唯一的童年又怎能没有美好的回忆呢？为了同事、家长、学生，我迫切使自己变成一位高明的魔术师。感谢书中那些直观而经典的案例，它让我知道了如何应付优等生的盲目自大，如何面对特殊学生的转化与改造，如何进行锁碎小事的妥善处理等。也愿真心、爱心、耐心、细心、恒心与“狠心”，伴随我班主任工作的展开。

（摘选自张庆远编：《班主任大全》，四川大学出版社 1992 年版。）

七

宽容也是一种爱

孔子云："过也，人皆见之；更也，人皆仰之。"宽容是人的情感之一，有一种巨大的人格魅力。它能产生强大的凝聚力和感染力；宽容也是一种豁达和挚爱，它如一泓清泉可化干戈为玉帛；宽容是一种深厚的涵养，是一种善待生活，善待他人的境界。宽容蕴藏着一种殷切的期望和潜在的教育动力。

作为一名人民教师，整天面对着天真烂漫的孩子，喜怒哀乐、酸甜苦辣什么滋味都品尝过。随着现代教育观念的转变，教师对孩子的宽容成了一种时尚和美德，从某些方面反映了一个教师的教学艺术和教育理念。宽容孩子的过失并不是姑息迁就犯错误的孩子，而是采取和风细雨的方法督促其改正，从而体现出教师宽大的胸怀。

曾听过这样一个故事。

从前，有位渔夫出海捕鱼，从海里捞到一颗大珍珠。这颗珍珠晶莹圆润，渔夫爱不释手。但美中不足的是，珍珠上面有个小黑点。渔夫心想，如果能把小黑点去掉，珍珠完美无瑕，就会成为无价之宝。于是，他就开始耐心地剥剔黑点。可是去掉一层，黑点依然存在；再去掉一层，黑点还是存在；再去掉一层……最后终于去掉了。不过，令人惋惜的是，这颗硕大的珍珠已不复存在了。

由此我就想，这些天真烂漫的小学生不就是一颗颗硕大的珍珠吗？他们或多或少都存在着这样或那样的"黑点"——不时会犯或轻或重的错误。而有些老师和家长，又总是在苦苦追求着学生那种"白璧无瑕"的完美境界。学生一时成绩不好，他们往往采用简单粗暴甚至体罚的方式对付学生；学生一时不听话，他们就气愤不已，吹胡子瞪眼；学生一时做得不合己意，他们经常随口而出："怎么这么笨"……久而久之，学生不论做什么事，都往往囿于一个框框内，如同惊弓之鸟，不敢越雷池半步，否则就可能导致风雨交加，使自己动辄得咎。结果导致学生的心理压力越来越大。多姿多彩的学生生活被剔除了，学生的天真无邪和好奇心也被扼杀了。

每个学生都希望得到家长和老师的理解，能倾听他们的心里话，为他们排忧解难。适时的倾听，平等的交流，胜似长篇大论的劝说。家长和老师只有放下架子，信任学生，真诚地倾听学生的心声，才能真正实现心与心的沟通，只有宽容的教育氛围才有利于学生的全面成长和个性发展。就像一首小诗所说的：

土地宽容了种子，拥有了收获；
大海宽容了江河，拥有了浩瀚；
天空宽容了云霞，拥有了神采；
人生宽容了遗憾，拥有了未来。

在活动课中我学习魏书生老师让违纪学生做三件事：写一份情况说明书（不是常见的检查书）；唱一支歌；做一件好事。这种教育方式蕴藏着教师对孩子的期盼，使孩子感受到“教师宽大的心怀”。使其感受到“练其功、陶其情、促其行”的良好效果。教师不会因为宽容而失去威信；平庸的教师也不会因为粗暴而平添尊严。宽容的教师深谙教育的艺术，“躬自厚而薄责于人”，对学生以诚恳为先，动之以情、晓之以理，使学生如沐春风；宽容的教师润物无声，在潜移默化中培养了孩子形成文明的举止和高尚的人格；宽容的教师修养有素、魅力无穷，对下一代的成长极为有益。

作为老师和家长，我们应多给孩子一些尊重和宽容，善待孩子的“黑点”并加以正确的引导。让我们拥有宽容，保持宽容吧！不会宽容别人的人，是不配得到别人的宽容的！让我们永远记住：宽容就是爱孩子。

（摘选自郑立平编：《班主任工作实务》，中国轻工业出版社2009年版。）

八

爱心加真心，不让一个学生掉队

“没有教不好的学生，只有不会教的老师。”这是霍懋征的座右铭。

60年的小学教师生涯，写满了霍懋征的真情付出。既然为了爱孩子而选择这份事业，那么在从事教育事业的漫长过程中，霍老师用自己全部的精力对教育、教学的艺术进行孜孜不倦的追求，将爱付诸实践。

北京市第二实验小学是一所高干子女和普通市民的孩子兼收的学校。霍懋征对所有学生一视同仁，并且把爱更多地倾注在那些基础较差的淘气学生，以及那些贫困的需要更多帮助的学生身上。学生病了，她带着去看病求医，为学生买药、送饭；学生家庭有困难，她就自己掏钱为学生买午餐；学生踢足球，没有鞋穿，她在比赛前夕为学生送去短裤、球鞋；学生的父母因公调到外地工作，她就把学生接到自己家食宿……

一个名叫小永的男孩，是全校有名的淘气鬼。只要他在班上，老师就无法上课；只要外宾来校参观，就得派专人看管他。学校决定送他去工读学校。霍懋征对校长说：“把他交给我。孩子虽然学习不好，但他还要一辈子做人呢！”把小永领回班里后，她仔细分析了这个孩子的长处，帮助他树立自信心。在霍懋征的关心和感召下，小永课上不随便说话了，课下也不胡闹了。

“文革”开始后，“红五类”出身的小永当上了红卫兵，而霍懋征却被打成了“反动学术权威”，被看押了起来。但几乎每次批斗会只要小永在场，他就会暗中保护霍老师。更令霍老师感动的是，10年之后的唐山大地震，震后的第二天上午，霍懋征正在屋里收拾东西，耳边突然传来小永的声音：“霍老师，我叫了两个朋友给您搭防震棚来了！”多年后，霍懋征接到了小永的电话，很久没联系的他头句话便是“娘啊，娘啊，我可找到您了。您是我的亲娘，没有您就没有我的今天”。

这就是老师的爱播下的种子、开出的花啊！霍懋征常常说：“我们的教育不可能使每个学生都成为专家学者、部长司长，可我们应该把学生都培养成对社会有用的好工人、好农民、好公民。”

爱心加真心，使霍懋征一直如慈母般地呵护着每一个孩子。60 年中，她带的学生没有一个掉队。

（摘选自严文清编：《班主任之友》，华东师范大学出版社 2010 年版。）

九

爱是一把刀——雕琢还是伤害

很多时候我们都在思考，作为老师，我们的爱够不够？作为家长，我们的爱够不够？但我忽然又冒出一个想法：我们爱的方式，合适不合适？

有一年，班里有个叫张磊的孩子，高高的个子，大大的眼睛，头发有些卷，看起来像个小美男子，而且名字也很“man”。刚刚开学，我就感觉这个孩子有点特别，说话声音小小的，喜欢低着眼睛不看你，偶尔会往上翻一下眼珠，但又迅速低头，眼睛往下看了。即使笑，也是偷偷笑的那种，很难见他哈哈大笑的样子。我得出了一个结论：这个孩子的性格有些女性化。我不是很赞赏他现在的状况，但他想改吗？我能帮他改吗？

苏霍姆林斯基说过，世界上没有什么东西比人的个性更复杂、更丰富的了。我仔细观察了许久，并让学生协助我观察、记录，最后的结论是：不知道原因在哪里，更不知道能否帮他调整。但我仍然执着地认为，一个高高大大的帅哥像个女孩，这不行，我要试着改变他。

于是，我决定到他家里去家访一次。电话约定的时候，是他妈妈接的，叽叽喳喳地说了有十分钟，我感觉这是个健谈的母亲。

到他家后，面对面地一聊，更加验证我先前的感觉——妈妈的语言功底非常厉害。张磊的爸爸只能在旁边看着，有时配合着笑笑，其他的沟通基本都是他妈妈负责。我表达了想了解一下孩子具体情况的意图，让家长介绍一下，她妈妈立刻就开心地打开了话匣子，从张磊儿时说起，一直说到了当前，而且不打腹稿，不需提示，整个一“锵锵一人行”。我认真地听着，不时做着笔记，偶尔问一两个问题：“孩子喜欢您陪着玩还是喜欢爸爸陪着玩？”“孩子会不会自己喜欢帮你做事？”“孩子喜欢出去玩吗？跟谁玩？”随着他健谈的妈妈将话题展开，我开始逐渐对张磊有了了解：由于不放心爸爸毛手毛脚，担心摔着碰着，他小时候基本是妈妈带的；平时很少出去和同学、伙伴玩耍，原因也是担心受伤、被欺侮；从不会帮爸爸妈妈做事，因为不会；从不洗衣服，连内衣都是妈妈洗；和他爸爸一样，说话很小声，因为声音大了妈妈会骂……

我慢慢停下了笔，不再记了。因为我知道张磊之所以成为现在这个样子的原因——一个字：爱。是这种爱，使得他逐渐远离了一个孩子正常的成长轨道，逐渐成长为一个越来越符合他妈妈要求的乖孩子。但是，这已经和我们正常人的审美观不同了。也许，这也是各种成才途径中的一种。但我担心他是否能获得社会的认可呢？如果不能，那还是乖孩子吗？

苏霍姆林斯基还曾经这样说过：一个人一生命运的复杂性，有时也是悲剧性，就在于虽然人的“草稿”里蕴藏着成为一个独特的个人的各种素质——卓越的才能、禀赋、倾向性、天才——但是负责对这一“草稿”进行加工，以便使其变得更为美好的人，却反其道而行之，他用自己那双笨拙而又漫不经心的手把“草稿”中美好的东西弄得丑陋不堪。

忽然感觉，爱是一把刀，可以雕琢出最精美的作品，也可以成为凶器，杀人于无形之中。

（摘选自严文清编：《班主任之友》，华东师范大学出版社2010年版。）

十

如果爱，请深爱

时间的确过得很快，刚刚踏上讲台的那个瞬间还那么清晰地在脑海中浮现，弹指一挥间，10 年已过。在这短暂而又漫长的 10 年中，自己对所经历过的酸甜苦辣记忆犹新。曾经欣喜过、抱怨过、无奈过，也曾经想过要放弃。但是，无论处于何种心情，总会有一个声音在提醒着我，那就是自己对教育事业的承诺："既然选择了，就应该坚持下去。"这是有着 20 多年班主任工作经历的父亲经常对我讲的话。虽然比起父亲，我当班主任的时间并不长，但是在这些年的班主任工作经历中，我也琢磨出一个道理：要想管理好自己的班级，首先必须要让班里的学生喜欢你，肯听你的话，肯凝聚在你的周围。但要想做到这一点，真的很难，你需要投入大量的时间和精力；可是又很简单，因为你只要做到一个字，所有的问题都会迎刃而解，那个字就是"爱"。

对学生要爱，要让他们内心真切地感受到你的爱，这种爱不能敷衍，要爱就请深爱。从大教育家孔子的"爱之能勿劳乎？忠焉能勿悔乎？"到夏丏尊的"没有爱就没有教育"；从罗素的"凡是教师缺乏爱的地方，无论品格和智慧都不能充分地或者自由地得到发展"到赞科夫的"当教师必不可少的，甚至几乎是最主要的品质，就是要热爱儿童……"古今中外的教育思想各有不同，教育风格各有千秋，但有一点是共通的，那就是"爱的教育"。

2002 年是我参加工作的第一年，也是当班主任的第一年。由于种种原因我被分配在中学任教。当时班里有一个学生让我至今仍记忆犹新，他叫邬吉能，一个眉清目秀的小男生，尽管个子不是很高。父母离异后，由母亲打工供其上学、生活，家庭条件很不好。但上小学的他聪明好学，懂事、有上进心，村里的人看见他母亲总会说："放心吧，你有这样一个好儿子，将来肯定会有好日子过的。"母亲工作很辛苦，但每天都很开心、很满足，天天都盼着自己的孩子能好好学习，考上好学校，长大后有出息。小学毕业考试结束了，小吉能考得很好，分数很高。他在考试前就有个梦想：初中一定要到城关去读，毕业后考高中。可是，当他欣喜地跟母亲说了这个想法之后，母亲的回答让他的积极性跌至低谷。"孩子，妈妈也知道去城关读书好，可是我们没钱，拿不出那笔择校费，我们就在自己的西店中学读吧。"

这位母亲无奈地说了这些话，小吉能也只能打消了自己的想法。于是，2002 年 9 月他就来到了我的班级。上学没几天，我们都发现他是一个很聪明、很有天分的男孩，无论是数学、科学，还是英语口语，他的表现都很突出，但是他的学习态度、生活态度却很不端正。上课时他想听就听，不想听就跟同学讲话，甚至一甩书本就走人，老师还不能批评他，一批评就逃出学校，害得你到处找人。再者我当时是一没经验，二又人地两生，真的是想哭的心都有。但是无论你怎样好言相劝，他依旧我行我素，感觉读了农村学校他的前途就毁了。有一次，我真觉得自己不知道该怎么办了，就把他母亲叫到了学校。她妈妈很伤心地对他说："我这么辛苦赚钱，你身上穿的、用的，都是我辛辛苦苦挣钱给你买来的，你就不能理解妈妈吗？"原以为这番话会对他有所触动，但出乎意料的是他竟然一粒粒地把身上外套的纽扣解开，说："这是你买给我的，我还给你。"当时办公室里的其他老师也都惊呆了，赶忙制止了他，他妈妈也终于控制不住撕心裂肺地哭了起来。

送走他母亲后，一连几天我的心情很低落，我知道这是一个很优秀的孩子，但是他错误地以为只有好学校才能给他前途。难道农村学校、农村老师就不能把他培养成一个优秀的学生吗？也许是班主任的职责，也许是刚毕业时还有的那种血气方刚，虽然知道自己没什么经验，但是哪怕失败，我也有义务尽力挽救他。当时我寄宿在学校，他的家离学校有一段距离，于是在征求过他母亲的意愿后，我对他说："从今天起你也住在学校里吧，老师隔壁的房间空着，你来住，我们可以一起做做作业，一起看看书，一起聊聊你感兴趣的东西，老师在这边也没有朋友，你愿不愿意做我的朋友呢？"也许是因为在家里跟母亲没话可说，也许是给我面子，又或许是真的愿意交我这个朋友，他答应了。放学的时候，我们经常在操场散步聊天，我告诉他我小时候的事情，包括学习、生活，他也慢慢地会跟我交流一些他心里的想法。渐渐地我感觉到了他的变化，上课时不会像以前那样肆无忌惮了，作业也不会像以前那样有时做有时不做，心情也不像以前那样不可捉摸了。但是我知道他心里的结还不会那么轻易地打开，他是一个心思很重的孩子，他认定的事情很难改变。但这已让我很开心了。

两年后，我调回了自己的家乡，我还清楚地记得他来送我时的眼神，很不舍，也许是他感受到了我对他的爱，即使还不足以解开他的心结，但是他已体会到了我的真心。回来以后我经常会从其他同事那里了解他的情况，后来得知他从西店中学考上了高中的消息，我真的很欣慰。我的爱感动了他，改变了他，这对他不仅是一件幸事，对我自己来说也是一笔宝贵的精神财富。很多年过去了，我教的学生换了一届又一届，但是我的心里始终记得：对学生要爱，不能敷衍、不能轻描淡写。要爱，就请深爱！

（摘选自严文清编：《班主任之友》，华东师范大学出版社 2010 年版。）

第二章
师德情怀

有句蒙古族的谚语说得好："爱自己孩子的是人，爱别人孩子的是神。"教师的神圣职责就在于用爱心来抵达神的境界。师者，父母心，把别人的孩子看作自己的孩子，这就是博大的师者情怀。广阔的胸襟、博大的情怀是师德必备的素质。下面就让我们一起来分享有为之师每一份浓浓的师者情怀吧。

十一

师爱如泉　沁人心田

巴士卡里亚曾提过："教师首先不是教师，而是人，是有爱心的人。"对学生充满爱心，是师德的直接体现。爱每一个学生是为了更好地教育，"亲其师而信其道"，以高尚激发高尚，以诚信引发诚信，丝丝缕缕薪火相传，让学生"立社会志，做有为人"。把大写的"人"字镌刻在学生心坎。身为教师，搞好教学固然重要，但更重要的是把爱洒进每个学生的心田，让他们健康成长。爱就是阳光，作为一名班主任，我的使命就是播撒阳光，放飞梦想。

这是一个真实的故事。

那一年的冬天特别寒冷，班上的学生晓婷突然神色慌张地找到我，她声音哽咽地说："老师我要请假……我妈她……她……喝农药了，在医院抢救……我得赶紧回去……"听完她的话，我的心"咯噔"了一下。这个可怜的孩子家境贫寒，父亲是个从四川来广州的农民工，靠干建筑活维持一家人的生计。而母亲是一个精神病患者，为治病几乎花光了家里所有的积蓄。晓婷是个懂事的孩子，学习成绩名列前茅，放学回到家后照顾母亲和三岁的妹妹，料理家务，把家里打理得井井有条。现在她的母亲竟喝药自杀，这对年幼的她来说可真是个晴天霹雳！母亲是她的精神支柱和学习的动力啊！

过了几天，晓婷返校了。回校的她失去了往日的欢笑，红肿的眼睛流淌着悲伤的泪水，憔悴的容颜写满了忧郁。她在日记中写下了这样的话："老师，我上课的时候怎么也听不进去，我想妈妈！为什么老天如此不公？连一个疾病缠身的妈妈都要夺去？我不知道死是什么滋味，痛苦吗？真想陪妈妈一起去，可爸爸妹妹又怎样办呢？"

看完她的日记，我想：这孩子一直性格内向还有点自卑，巨大的家庭变故已经让她的内心布满了阴云！她需要的不仅是话语上的关爱，更需要思想上的点拨。作为班主任，我有责任用爱的阳光驱散她心里的阴霾。我始终认为，只有真心实意地去爱学生，才能够精雕细刻地去塑造他们的灵魂，使他们成为"有为"的人。

于是，我在日记本上写下这样的批语："我们无法选择父母，更无法选择自己的生存环境，但是我们完全可以选择一种积极的心态，就像田野里的向日葵，无论生长在怎样贫瘠的土地，都要向着阳光生长！我真心希望你就像一株坚强的向日葵，目光要放远一些，不要辜负学校对你的栽培，立社会志，做有为人。”

课间的时候，我又经常找她谈心。我对她说：“你知道吗？一个母亲最大的愿望就是孩子有出息，你整天哭哭啼啼，耽误了学习，你的母亲在天堂能安息吗？再看看你身边苦难的父亲，一个精神病的妻子已经把他折磨得心力交瘁了，你还想让他再为你操心吗？如果你也倒下来了，妹妹怎么办呢？”听到这里，她抬起红肿的双眼望着我。于是，我趁热打铁地对她说：“只有清空杯子，才能倒满水，老师教给你一个忘记苦痛的办法，那就是专心致志地读书，努力读书改变自己的命运！”

那次谈话对晓婷的触动很大，不久她在日记中写下了这样的话：“谁说没妈的孩子是根草。有了张老师的鼓励，我一定会像小树苗那样茁壮地成长。”

以此为契机，我在班里开展了“风雨同舟”的主题班会。通过搜集、讲述名人奋斗故事和励志的名言警句，来教育学生要勇敢地面对生活中的挫折，也让他们知道老师永远与他们同行。

为了鼓励她尽快走出人生中的困境，我还给她写了一篇文章，标题为“孩子，勇敢地往前走”。在文章中我这样写道：“孩子，面对亲人的离去，擦干你眼中的泪滴。要知道‘人有悲欢离合，月有阴晴圆缺，此事古难全’！时间是最好的良药，会让我们淡忘忧伤。天底下没有迈不过去的坎，只要我们学会等待。孩子，面对生活的苦难，擦干你眼中的泪水。扼住命运的喉咙，笑对人生中的风雨。人生若无荆棘，生命何谈意义！挺起你的胸膛，硬着头皮闯下去！”当我在班上大声宣读的时候，同学们都向晓婷投去了关怀的目光。我发现她的眼中不再有自卑忧伤，取而代之的是自信坚强。现在，晓婷已经以优异的成绩迈进了真光实验中学的大门，我还为她争取了全额的奖学金。因为内心洒满了阳光，迎接她的也必定是一个光明的未来。

有人曾说过：“母爱是世界上最伟大的爱，师爱是世界上最神圣的爱。”当孩子的那份亲情之爱缺失时，老师之爱也许能弥补一点缺失。师爱，是学生遇到困难时，老师的热情鼓励；师爱，是学生遭受挫折时，老师的亲切微笑；师爱，是学生获得成功时，老师的真诚赞许。师爱如一缕阳光，洒向孩子纯真的心灵世界，使他们感受温暖，汲取力量；师爱如一泓清泉，滋润孩子的心灵，让他们体会关怀，成长为健康有为的一代新人。

（康有为纪念小学　张卫娟）

十二

耐心等待，拥抱迟升的朝阳

——由一个后进生的转化谈起

我们常把学生比作早晨的太阳，那么后进生可能就是迟升的朝阳。比起其他学生，他们更需要班主任的细心呵护，关怀体贴，理解尊重，谆谆教导……“要小心得像对待一朵玫瑰花上颤动欲坠的露珠。”这句话也许夸张了些，但实实在在地告诫我们，对待后进生切不可疏忽大意。班上一个后进男孩的转化，引起了我深深的思考，以下是自己的点滴体会。

（一）别样男孩，不和谐的音符

他是个非常聪明的男孩，刚入学时，我就觉察到了这一点，可就是有一样——极度懒惰，不肯做作业。那时，学习压力还不算大，他的学习也没出现问题。随着年级的升高，知识难度不断加大，他的学习越来越吃力，并因此开始出现厌学情绪。因为班上同学都比较好学，所以大家不怎么搭理他。而为了引起同学和老师的注意，他时不时就在课堂或其他场合做出一些常人无法理解的举动。上不同老师的课，他居然区别对待。正如他母亲所言：“班主任的课，因为敬畏，他不敢动；数学老师的课，因为喜欢，他不想动；而英语老师，他不怕，所以就趁机乱动了。”为了感化他、转变他，我办法用了不少，可每次都是过不了多久，他的老毛病就又犯了，有时甚至变本加厉。他让你爱也不是，恨也不是，简直像一个烫手的山芋。

（二）偶然机遇，奇迹般的转变

六年的时光，就这样在他不断犯错与不断改错的交替中，在他母亲的眼泪与我们的期待中流逝着。但一个偶然的契机，让他有了脱胎换骨般的转变。那天，他又没有完成作业，被数学老师带到了校长室。经过教育，作业完成了。可是，没过多久，他又不做作业了。正好遇上测验，数学老师告诉他，要认真做试卷，那份试卷要单独拿给校长改。从没受过如此礼遇的他小心翼翼地完成了测验，试卷改完后，他受到了表扬。随后那次的测验，数学老师如法炮制。结果，在年级会上，全年级同学对他的成绩报以雷鸣般的掌声。在众多关注的目光下，他认真地过好每一天。让人惊奇的是毕业考试的作文，他发挥了自己最好的水平，交上了一篇令人满意的作文——《掌声，为我响起》。文中，他深情地描述了自己在临近毕业考的半个月时间里的转变过程。听着校长评读他的文章，我流下了欣慰的泪水。

他的转变，他的成功，告诉我们每一个为人师者，对于表现异常的学生，我们要教育，但要注意方法，更要抓住机会，还要学会用心等待。

（三）循循善诱，耐心期待转化

苏霍姆林斯基曾感叹：“从我手里经过的学生成千上万，奇怪的是，留给我印象最深的并不是无可挑剔的模范生，而是别具特点、与众不同的孩子。”这种反差告诉我们，对后进生这样一个“与众不同”的特殊群体，教育者必须正确认识、研究他们，将暖暖的师爱洒向他们。众所周知，在任何一个班，或多或少都会有几个后进生。而他，则是我班后进生当中最为特别的一个。我骂过、哄过、批评过、表扬过，可诸多方法用过后，却未能取得预期的效果。很多时候，我真的想放弃，可想到他母亲的眼泪，想到一个母亲的期待，我的师责告诉我，不能放弃。后进生的转化不可能一蹴而就，在转化过程中，后进生故态复萌，出现多次反复，都是正常的现象。对这项十分艰苦的工作，教师一定要有满腔的热情，必须遵循教育规律，“反复抓，抓反复”，因势利导，使后进生保持不断前进的势头。如果没有一个长期、耐心教育转化后进生的心理准备，教师很容易丧失对他们的信心，甚至认为他们已经无可救药，没有希望了。要知道“一锹挖不出一口井来，一口吃不出一个胖子来”，雕刻一座石像尚需很长的时间，更何况是塑造人的灵魂呢？对于后进生在转化过程中不可避免的反复或倒退，班主任要正确引导，允许学生犯错误，让他们在失败中崛起，在曲折中走向成熟。教师既要看到后进生的进步，也要正确看待后进生的反复现象，不断给他们敲响警钟，不断鼓舞他们进行自我竞争、自我挑战，在反反复复的过程中把后进生引上正确之路。

（四）常常反思，用心引导转化

每当我想放弃之时，每当他的毛病又犯时，性急的我常常想狠狠地教训他一顿，可职业道德提醒我，绝不可鲁莽。为此，我痛苦过，我苦恼过，可这些都不能对他有任何的改变。每当这时，我都努力使自己冷静下来，对他所犯的错误暂时性地选择看不到，然后反思自己的教育方法是否妥当，努力寻找最适合他的方法。一次又一次，失败了再来，许多时候，自己都觉得与他之间已不是简单的师生关系，而是“对手”。因为，我牢记着苏霍姆林斯基说过的话：“教育，首先是关心备至地、深思熟虑地、小心翼翼地去触及年轻的心灵。”

苏霍姆林斯基还指出，在学生的心里，班主任既是敬爱的师长，又是最能理解和信任他们的朋友，也是最能体贴和爱护他们的母亲。因此，在转化后进生的工作中，班主任要充当好这三种角色：良师、益友和慈母。只有这样，才能使每一朵花都舒展开美丽的花瓣，使每一轮朝阳都发出灿烂的光芒。

（康有为纪念小学　马军丽）

十三

蹲下来，拾起那转角处的希望

“有一首歌最为动人，那就是师德。有一种人生最为美丽，那就是教师。有一种风景最为隽永，那就是师魂。不要说我们一无所有，我们拥有同一颗火热的太阳，我们拥有同一片广博的天空，我们用爱和责任撒播希望……”我喜爱这首诗，因为它真情讴歌了人民教师高尚的师德、美好的心灵，也让我从中依稀看到了自己的身影。

担任小学班主任的工作已经20年了，自己始终坚持用“立社会志，做有为人”的教育理念鞭策自己、鼓舞自己，使自己树立起求真务实的精神，脚踏实地地努力培养健康有为的一代新人，真正做到成功每一步，有为每一天。“有为”教育理念不仅对我影响深远，而且对学生也影响巨大。我经常把“有为”教育理念渗透到自己的教学和教育管理中去。

20年前，带着对绿叶精神的追求，带着对教师的崇拜，带着对教育事业的憧憬与热爱，我义无反顾地选择了教师这一职业。回顾20年来走过的心路历程，我深深感到，爱和责任是为师者获得职业幸福的源泉。

两年前我接任了五年级（1）班的语文老师兼班主任。这个班的语文基础不是太好，学生的学习习惯和自主能力都很差，而且有几个特别调皮的学生，总是不遵守纪律，打架斗殴那是常有的事，稍有不慎就会出乱子。当时，我的母亲又摔断了腰，每天中午我都要先看着学生吃完午饭，安顿好他们午休，自己再匆忙赶回家给母亲做饭，然后再返回学校。回到学校后还要处理一大堆鸡毛蒜皮的小事，一个下午下来自己已经筋疲力尽了。有一天，我好不容易熬到了下午放学，而这时又发生了一件意外的事情。

还记得那是刚开学的第一个月，黄昏的操场显得宽敞而宁静。班上小冯的妈妈找到我，诚恳地与我交流：“李老师，升上五年级了，我儿子很失望，他觉得您不喜欢他。”小冯这样的孩子，我怎能不喜欢啊，各科的成绩优良，课外兴趣广泛，他是多少老师赞赏的高材生啊，那一刻我真的疑惑了！接着她举出了一个例子：“有一次他去参加毽球训练，结果早读迟到，但是你在他的作业登记本上写着什么现在学习那么紧张还斗胆迟到、放松学习等。这不仅让他很失望，我也很失望！您是不是太针对他呢？事虽小，他已经承受不住了，您不觉得我们都过于关注他的学习成绩，而忽略了他脆弱的心灵吗？李老师，已经是五年级了，孩子对您有这样的情绪，对他的学业很不利，他现在每天都把语文作业放到最后完成而且态度相当马虎。一次，他数学只得了 85 分，家里人只是说了他几句，他就独自关上房门几个小时不出来，他说他没有希望了。李老师，他如此差的心理承受能力，就是考上了重点中学，又能怎么样呢？如果考不上……”她的话没有继续下去，可我已经明白了她的全部意思。“所以您看，对他的教育是否能适当地调整一下呢？”

出于本能，我对此感到非常失望并且委屈。从教 20 年，我对每一个孩子从来都是满怀赤诚，未曾有过一丝轻视、抵触和针对，如此被一位家长批评我针对她的孩子，确实是头一遭。当时曾经犹豫过、彷徨过，且质问自己这样做到底值不值？但是“有为”的教育理念、重重的“师德”二字让我坚持了下来，没有放弃，并且非常感谢那位家长这样真诚地、毫无保留地与我进行及时的沟通。真没想到自己所谓的“严是爱”竟这样深深伤害了一个稚嫩的心灵，且导致他厌学，自己也有过错啊！第二天下午放学后，天正下着雨，我敲开了小冯的家门……

此后，我信守了我的承诺：我绝对尊重她的看法。随时提醒自己在对他们的教育上要调整方法，在关心成绩优异学生成绩的同时，更关注他们的心理，用“有为”教育理念告诫自己，要想孩子有所作为，就要凡事多站在孩子的立场上为他们着想，在点滴小事中捕捉他们品格上的闪光点，教育他们没有挫折的人生不是完美的人生。慢慢地，孩子们愿意和我亲近了，原本紧张的课堂气氛也活跃了起来，隐藏在心底的阴霾也逐渐散去。

我和这群孩子一起学习生活了两年，建立了深厚的感情。毕业那天，孩子们送我一束鲜花，对我说：“李老师，这两年，您不仅教我们知识，更呵护我们成长，我们一定不会忘记您！”顿时泪水浸湿了我的面庞，他们围绕在我的身边久久不愿离去。2012 年教师节，我收到了一张贺卡，是小冯寄来的，贺卡上写道：“尊敬的李老师，我有幸做了您的学生，是您母爱般的谆谆教诲，激发了我的学习热情；在我误入迷途、自暴自弃的时候，是您雨中家访，拨开了我心中的团团迷雾；在我对生活失去信心的时候，您给予了我无微不至的关怀。您的恩情我将永记心头。现在我在广州市第三中学就读，今后，我要勇敢地面对生活，不辜负老师的殷切希望。”那时那刻，我释怀了，我知道自己的真心付出终于赢得了孩子们的认可，我们共同浇灌的心灵之花，将永远在彼此的心里绽放。那一刻，我很幸福！

我感谢那个九月的黄昏，难得那位母亲如此坦诚的沟通和交流，令我更感到欣慰的是：如果没有他母亲的提醒，这一切将成为我和孩子们成长路上的绊脚石，正是那一次心灵的沟通，让我重拾并深深凝望那转角处的希望，让我在教育教学这条广阔而又绵长的路上多了一份关注。让我们一同关注那些最容易被我们忽视的看似娇美又十分脆弱的心灵吧。

蹲下来，拾起那转角处的希望——这也许正是我所找到的为师者共同的心声，用那份浓浓爱意和责任书写“教师之魂”，用“有为”的教育理念伴随着康有为纪念小学的全体师生共同成长。成功每一步，有为每一天。

（康有为纪念小学　李梅仙）

十四

给童心一方净土

自从学校提出“锻造有为教育，铸就有为梦想”的发展目标以来，我一直琢磨该怎样精心打造自己的“有为教育”，如何去实现自己的有为梦想，引领学生走上有为之路。其实，每个做老师的都希望自己教的学生乖巧聪明，然而“十根手指有长有短”，班里肯定有一些暂时落后的学生。如何将这部分落后的学生通过“有为教育”提上来，是我经常思考的问题。功夫不负有心人，经过一个学期的研究，我得出了“有为教育”的一点经验。下面讲述的就是我的一个“有为教育”的成功案例。

小霖是二年级（6）班的一个学生，课间云游课堂，在单亲家庭环境中长大的他，违反纪律就像窗前一阵风、一串雨这么平常。有时候他明明没做作业却跟家长说在学校做完了，交作业时就跟老师说忘了带回来。他头脑灵活，然而他的聪明没有用对地方；他很坚强，但不用在克服困难上，而是用在跟老师、家长“对着干”上。很多任课老师都说，其实小霖是一个不错的孩子。然而教育这样的孩子就像掌中的散沙，纵使握了满满的一把，却始终无法在我们的努力中聚拢成团。其实对于他的恶习，我和他的班主任规劝过、苦口婆心地教育过，但是收效甚微。这时我才懂得要改掉一个坏习惯需要足够的耐心，而我只能使自己更有耐心。

直到有一天，我去课室时，在走廊遇到他，他一反常态地扬起手臂说：“老师我做值日班长了。”阳光下，值日班长的袖章熠熠闪光。这时，班主任走过来跟我说，他这是试用，不乖就把他的班长袖章摘掉。他抛下一句：“我一定会乖的”，便笑着跑开了。

由于知道值日班长袖章在他心目中的分量，所以我便以此鞭策他。上课不专心，书写马虎，课间追逐打闹，我都以没收他的袖章相要挟，他就不得不乖乖地听话，而过去道理讲尽，好话说完，效果却不佳。

有一天放学后，我跑下来找他把今天的错题更正过来，他正在与班里的一位同学坐在地上玩橡皮泥。我让他起来，他不听，我又使出杀手锏——没收值日班长的袖章。谁知他没有半点犹豫，伸出手臂，斩钉截铁地说："拿去吧!"我突然僵住了，这情景大出我的预料，难道这值日班长袖章突然间没有分量了么?

我没有没收他的袖章，只是站在那里。而两个孩子旁若无人地继续玩着他们的游戏。他们把橡皮泥捏成宫殿，宫殿里爸爸妈妈牵着小朋友的手，去吃美食，去玩滑滑梯……突然间，我被孩子们的童心感染了。我不是也有这么美好的回忆么?以泥土当饭，以树叶当菜，经常制作着"美味佳肴"。这时，我明白了，对于小霖来说，不是袖章的分量没有了，而是家的分量更重。渴望有个完整的家，渴望工作忙碌的爸爸能抽空带他去吃顿美食。这种长久得不到的愿望，造就了他扭曲的心理——以违反纪律来引起同伴、老师的注意。

这些年来，我总感到沉重，感到生活得太累，是不是自己心中也有个无形的袖章呢?其实，做好孩子也是有条件的，大人亦如此。毕竟孩子幼小的心灵最渴望的还是得到关怀。

针对这样的情况，我制订了和他家长一起追寻孩子"有为教育"成长足迹的计划，要求他做到"成功每一步，有为每一天"，把他的每一点进步足迹记录下来，然后进行打分，达到一定的分数进行奖励，同时让家长尽最大的努力满足他的愿望。我总觉得树人要先育德，通过各种活动，不断挖掘学生的潜能，激发学生成功、成才的欲望，才能促进学生综合素养的全面发展。对于小霖我正是采用这种潜移默化的教育方式。一个学期下来，他果然成了品学兼优的学生。

培育有为学子，我总觉得作为老师的我们应该给他们营造一个轻松的成长环境，让他们拥有一个美丽的童年，把属于他们的无忧无虑、快乐自在还给他们，只有在快乐的环境中成长，孩子才会逐渐形成良好健全的品质，也只有在心灵的轻松快乐中，其他的素质才能得到最佳的提升。

（康有为纪念小学　陈冰心）

十五

爱的玫瑰

校园的花房里开出了一朵很大的玫瑰花，全校学生都非常惊讶，每天都有许多人前去观看。

一天清晨，苏霍姆林斯基在校园里散步，看到幼儿园一个 4 岁的女孩在花房里摘下那朵玫瑰花，把它抓在手中，从容地往外走。他很想知道小女孩为什么摘花，于是便弯下腰，亲切地问："孩子，你摘这朵花是送给谁的？能告诉我吗？"

小女孩害羞地说："奶奶病得很重，我告诉她校园里有这样一朵大玫瑰花，可她有点不相信。我现在摘下来送给奶奶看，看过后，我就把花送回来。"

听了小女孩天真的回答，苏霍姆林斯基的心颤动了。于是，他牵着小女孩，到花房里又摘了两朵玫瑰花，说道："这一朵是奖励给你的——你是一个懂得爱的孩子；这一朵是送给你妈妈的——感谢她养育了你这样的好孩子。"

（摘选自［苏联］苏霍姆林斯基：《苏霍姆林斯基选集》，教育科学出版社 2001 年版。）

十六

因挑毛病，将阳光男孩尤拉推向暴戾的一边

“有些教师对儿童大声呵斥，冷嘲热讽，甚至侮辱儿童的人格。这些不公正的做法伤害了儿童的自尊心，使他们敢怒不敢言，于是他们就在内心以各种形式进行积极的或消极的反抗。”

“一个缺乏教育素养的教师，由于不明智的吹毛求疵的做法而伤害了儿童的心灵。”

一年级有个活泼好动的男孩叫尤拉。女教师发现他在课堂上总坐不住、站不稳，还随便讲话，有时拿纸折飞机，趁老师回转身时放出去，惹得全班哄堂大笑……老师简直没法上课。女教师想到一个简单的办法——到尤拉家里找他的母亲“告状”。怎么办呢？女教师和孩子的母亲约定，每天把尤拉的不良行为记在学生手册里，由母亲“采取措施”。一天，母亲看到学生手册里的“记事”，大发雷霆，狠狠地打了儿子几巴掌，还用皮带抽了几下。

这个从小没挨过打的孩子惊呆了，他从来没受过这样的痛楚和屈辱。从此，尤拉变了。他常常阴郁、悲愤地坐在窗前，好像对一切都无动于衷。

三天后，尤拉说他把学生手册丢了，母亲又使用了她的皮带。原来那个活泼、精力旺盛的孩子，现在显得沉闷、孤僻。他很少抬头，避免和教师的眼光相遇，当这种相遇无法避免时，女教师在他的眼里看到的是愤怒和绝望。从前尤拉是个诚实、正直、坦率的孩子，现在居然说谎了。女教师偏要整一下他这种“怪脾气”。她提高了“警惕”，密切注视尤拉的一举一动，更加起劲地在学生手册里写他的一切过错。而尤拉又一连“弄丢”了好几本学生手册。女教师就又重新给他弄本新的，并幸灾乐祸地说：“学校小卖部里有的是。”尤拉呢，他决定把小卖部里的那一捆学生手册都给“消灭掉”。

一次放学，他躲在教室的凳子底下，等到晚上，从窗户爬出去，撬开小卖部，拿走了那一捆学生手册，在学校花园里刨个坑，把这些“可恨”的学生手册“埋葬”了。这一次，感到幸灾乐祸的不是教师，而是尤拉。现在尤拉已经是有意捣蛋了，当他说“学生手册嘛，我弄丢了”的时候，女教师仍旧派值日

生去小卖部再拿一本！可值日生回来说："小卖部失窃，学生手册不见了。"女教师不肯罢休，就用普通本重新裁装个临时学生手册。

正当她把这本学生手册递给尤拉的时候，生物老师来了，他说在带领学生劳动时，挖出一捆沾满泥土的本子。于是许多人说尤拉是小偷，而尤拉坚决不肯承认，事情最后闹大了。学校决定把尤拉的母亲喊来，叫她狠狠地揍他一顿。母亲一边打孩子，一边暗自流泪。而尤拉则变得更顽劣了，现在他处心积虑地跟女教师捣蛋。

有一次他发现，同学中有人咳嗽时，女教师就要皱眉头。于是他在每一节课上都要咳嗽，有时竟一连咳嗽好几分钟。女教师又准备把这种过错写在学生手册里，就说："把学生手册给我！"尤拉终于无法忍耐了，他从口袋里掏出那本被揉皱的小本子，把它撕得粉碎，摔在桌子上，喊道："去你的吧，该死的学生手册……"

惊呆了的女教师最后一次看见了尤拉的眼睛，那里面燃烧着不像是一个孩子会有的怒火。后来，尤拉的父亲实在无法忍受，让孩子转学了。尤拉在别的学校上二年级，表现很好，跟其他的好学生没什么两样。

这位缺乏教育素养的女教师，由于不明智的吹毛求疵的做法而伤害了尤拉的心灵。而像尤拉这种被激怒、变顽劣的学生，在我们的学校中有很多。听完这个故事，我更深刻地理解了新课程理念，更深地体会了第斯多惠说的"教育的本质不在于传授知识的本领，而在于激励、唤醒、鼓舞"。

用习惯改变习惯，用成功塑造成功。教师期待孩子是什么样，孩子就能成为什么样的孩子。多盯优点、多赏识，坏孩子也可以变成好孩子。

（摘选自［苏联］苏霍姆林斯基：《苏霍姆林斯基选集》，教育科学出版社 2001 年版。）

十七

“娇花”问题

深夜，静悄悄的，苏霍姆林斯基正伏案写作。此刻，他又在进行着一个新课题的研究，即关于那些由于记忆过于孱弱而能力较差的儿童的教学问题。

这样的孩子，人们通常称为“智能低下者”，而苏霍姆林斯基则把他们比作人类“娇嫩的花朵”，虽人数不多，但每年总会有两三名。据苏霍姆林斯基对这些孩子学习成绩的观察分析，他们的精神生活十分空虚贫乏，常常被列入留级生的行列，往往还要多次重读。因此教员休息室里常有人谈论这种学生。

现在他就是针对这些儿童的特点来研究对他们的教育与教学问题。他全神贯注地想着、写着，突然皱起了眉头，停下笔来。他遇到了一个问题，即究竟应如何对待这类儿童？这时他又想起了白天发生的一幕：

那是在教员休息室，当一位女教师得知有一个重读的低智能儿童还要留级，且被校长同意的消息后，她眼里含着泪水追问苏霍姆林斯基：“怎么还能在学校里留这样的学生？要知道，他简直是个糊涂蛋，性格又那么坏！是个不可造就的人。”

对于这位教师的焦躁心情，作为校长、同事的苏霍姆林斯基是能够理解的。一般学校是不会接收这样的孩子的，因为这类孩子看起来思维正常，可是他们的记忆“轮子”却转得很慢，还可能“空转”；他们智能较低，往往使教他们的老师陷入苦恼。但他不能默认这位教师的观点，依然有信心地进行了反驳：

“我认为，他不是没有希望……”

“请您看看他怎么回答三六得几……或者听听他怎么朗读……”“依我看，应当把这种孩子说成是人类最脆弱、最娇嫩的花朵。”苏霍姆林斯基温和地说，“他们来上学，像人们所说的，脑子差劲，这不能怪他们……”

“应该送他们去上特殊学校。”

“可我认为，我们的人道使命在于挽救他们，让他们回到正常的精神生活和美的世界中来……”

“您只是出于怜惜才这样讲。”

“正是这样，是出于怜惜和同情。”

看来要教育好这些孩子，首先应端正教师们所持的错误态度。这时他从回忆中又回到了思考这个问题上来。“这些孩子的思维到底有什么特点?”“应该告诉教师们注意些什么呢?”他又提笔写道：“思维、儿童的记忆，的确应从这里开始——从赤子之爱和怜悯之心，从惊奇和赞叹，从儿童生活中发生的种种事件的情感色彩开始。”教师应牢牢记住“学校教育中的智育目标不仅在于发展和充实智能，而且也在于形成高尚的道德和优美的品质。教师绝不应持片面观点，放弃对这些孩子的全面教育”。

（摘选自［苏联］苏霍姆林斯基：《苏霍姆林斯基选集》，教育科学出版社 2001 年版。）

十八

稿费的故事

陶行知是我国著名的人民教育家。他有一句名言："人生天地间，各自有禀赋。为一大事来，做一大事去。"他非常重视国民教育，认为"教育是共和国的保障"。因此，他把毕生精力都投入到"教育"这一大事中来。

1923年，他组织了平民教育促进会，编写《平民千字课》，奔波于全国十几个省市，致力于平民教育。他把《平民千字课》作为教材，送到平民百姓家里，劝家家户户都要识字读书。他的活动经费多数都是自己写书所得的稿费。

一次，他得到了1万多元稿费，拿回家锁在柜子里。承担着所有家务的妹妹看见了，问他："家里有老有小，钱也不多，能不能留1/4给家里用?"陶行知想了想，温和地说："我要去南京劳山脚下办晓庄师范，这钱要作为办学的经费。我们家虽穷，粗茶淡饭也还能维持。中国3.4亿农民非但没有饭吃，更没有文化。用这钱去办学校，是为农民烧心香，是尽我们的绵薄之力去帮助他们。你在家里省着点用，算是帮我去办大事吧!"妹妹理解了他，默默地点了点头。

1927年，陶行知办起了晓庄师范学校，开展乡村教育活动。1930年4月，国民党反动政府武力封锁了这所学校，还通缉陶行知。1932年，陶行知在上海先后创办了"山海工学团"、"晨更工学团"、"劳工幼儿园"，继续推行中华普及教育运动。

（摘选自陶行知：《陶行知教育名篇》，教育科学出版社2005年版。）

十九

撰联谈教育

陶行知先生是一位坚强的民主战士，同时也是一位人民教育家。他经常用对联形式宣传改革教育的思想主张。

1927 年，陶行知先生为了推行“改革全国乡村教育”的主张，创办了晓庄师范。3 月 15 日举行开学典礼那天，他为典礼会场撰写了一副对联：和牛马羊鸡犬豕做朋友；对稻粱菽麦稷棉下功夫。这副对联，表达了他一贯主张的“生活即教育”、“社会即学校”的教育改革宗旨。他不但这样主张，而且身体力行，脱下长袍马褂，穿上布衣草鞋，和师生一起开荒生产、挑粪种地，睡地铺、住牛栏。在此期间，他还写了两副对联：从野人生活出发；向极乐世界进军。这副对联通过形象的比喻，反映了他将求实精神与远大目标结合起来的教学思想。还有一副是他挂在自己办公室的对联：捧着一颗心来；不带半根草去。字里行间，都闪耀着这位人民教育家为了人民的教育事业不谋私利，鞠躬尽瘁的高尚精神的光辉。为了丰富农民业余学习生活，陶行知先生还在南京某农村办了一个中心茶园，一边请农民喝茶，一边为他们讲书、讲时事、放留声机等。他还特地为茶园撰写了三副对联：为农民教育之枢纽；是乡村社会的中心。多谢你来帮助；少了我也不行。嘻嘻哈哈喝茶；叽叽咕咕谈心。

（摘选自陶行知：《陶行知教育名篇》，教育科学出版社 2005 年版。）

二十

陶行知的两只口袋

陶行知是一位既有言教，更有身教的人民教育家，他律己甚严，以身作则。

古人云："吾日三省吾身"，而陶行知则"每天四问"。1942年7月，他在重庆育才学校三周年纪念会上提出"四问"的内容，就是每天要反躬自问身体、学校、工作和道德上有没有进步，进步了多少。他认为道德是做人的根本，没有道德的人，学问和本领越大，就越会为非作歹，残害人民。他曾大声疾呼，要全校师生"建筑人格长城"。

他自己就是用实际行动来"建筑人格长城"的。在育才学校，就流传过一个关于陶行知两个口袋的故事。

育才学校是陶行知和全校师生白手起家办起来的，有时全校师生几乎无以举炊，陶行知东张西罗、左支右绌，迫不得已就停止体育锻炼，每天改吃两顿稀粥，以勉强维持生活。在这样的艰难困苦中，有人劝陶行知把育才学校停办算了，但他坚决不答应。他发动全校师生走街串巷，向社会各界热心人士募捐，渡过一个又一个难关。

陶行知带头外出募捐，并宣布一条纪律：募捐来的钱涓滴归公，在任何情况下，任何人不得借故挪用分文。他自己是这样说的也是这样做的。他的上衣缝有两只口袋：一只袋装公款，一只袋装私款。有一次他到远处去募捐，走访了好多地方，募捐了不少现款，袋里装得满满的。在归途搭车时，忽然发现放私款的那只口袋里一分钱也没有了，但他当时只有一个坚定的想法，那就是绝不挪用公家一分钱。尽管一天奔波下来，既疲惫不堪又饥肠辘辘，但他仍坚持从十里外步行回校。

当育才学校师生听到这个消息后，都非常感动，纷纷赶到陶行知先生的住处慰问时，陶行知亲切、深刻地跟大家讲起韩非子在《喻志》中所说的一个比喻："千丈之堤，以蝼蚁之穴溃；百尺之室，以突隙之烟焚。"在现实生活中，小漏洞往往可以酿成大灾祸，千万不要以小失大。陶行知就是这样"以教人者教己"，在"建筑人格长城"中做到不留一点缝隙。

（摘选自陶行知：《陶行知教育名篇》，教育科学出版社2005年版。）

第三章
教育智慧

“只有智慧的教育才能培养出智慧的人，只有有智慧的教师才能培养出有智慧的学生。”智慧没有大小，智慧来自平凡，有智慧的教师正是善于从平凡的细节中寻找难得的教育契机。让我们去思考、去探索、去创造教育智慧吧，用智慧去启迪儿童的大脑，用智慧去纯洁孩子的心灵。让我们一起分享有为之师的教育智慧吧！

二十一

用智慧培养孩子的宽容

我们班的甘同学脾气非常暴躁，有时在班上与同学发生矛盾后，便怀恨在心，甚至诋毁、威胁同学。每次做错事只会说同学的不是，从不会反思自己，班上的同学都不喜欢他。

在甘同学的心里常常只有自己，而不会考虑别人，甚至自己不满意时，他就会乱发脾气，手握拳头向墙壁上打或推打桌椅；老师教育他时，他不以为然，反而说老师偏心，满脸不高兴。

有一天午休睡醒后，他追着冯同学大打出手，嘴里还叫嚷着："我要打到你出血。"任凭同学们怎么劝阻也不肯住手，直到冯老师到场才阻止了事态的进一步恶化。原来，上周五下课后，冯同学在走廊玩，手不小心碰到他，手指甲在他胳膊上刮了一道痕。当甘同学要打冯同学时恰巧有老师路过，于是甘同学停了手。晚上，他把白天发生的事告诉了爸爸，爸爸劝其就此算了，他答应了。第二天，他又伺机动手报复，可惜一直没有下手的机会。午休后机会来了，于是便发生了追打同学的那一幕。为了消除他这种很强的报复心理，我平时常和他沟通，他也从心里接纳了我，肯与我聊他的心里话，所以我们开始敞开心扉地聊天。

从心理学的角度分析，报复心理是一种不健康的心理状态，有报复心理的同学，容易误解别人的意思，对别人经常有戒备、防范心理。任其发展的话，心胸会越来越狭窄，与人相处较难，内心非常痛苦。这种心理具有一定的危害性，是一种以攻击方式对那些曾经给自己带来不愉快的人发泄怨恨以及心中不满的情绪。这种心理的存在是很不利于学生健康成长的，一旦发现，应该及时予以疏导。

在疏导过程中，我采取了以下的方法：

（一）讨论分析，学会换位思考

刚开始时，他不愿听我说话，情绪很激动，滔滔不绝地说着他的理由。我和蔼地说："你先听我说，要是不对，你再给我纠正，行吗?"等他的情绪稍为平复，我才跟甘同学探讨在集体中矛盾冲突不可避免，我们不能回避，也不能用拳头来解决矛盾。怎么办？想一想当你是家长，是老师，是那个同学时，面临着两难的局面你会怎样？不妨进行一下心理换位，这时他不说话了。我见形势很好就接着说："你长大的理想是什么？是当老师吗?"他说："不是，是警察。""很好。"我说，"单位现在派你去汶川抢救地震中的伤员，必须下午三点前回单位集合，今天是你的生日，妈妈为你准备了你最喜欢的烧鹅，一边是抢救的重任，这时你还要哭着说，我想吃烧鹅，不想做警察了。"这时他笑了。我明白，他真的明白我的意思了。

（二）学会宽容，学会感动，学会关爱

学会宽容是人际交往中非常重要的一点。要学会用辩证的眼光去看待我们所处的这个世界，而且要真实、全面地去认识它。千万不要用仇视的目光去看你身边的人，他们或多或少都有这样那样的缺点，要试着去发现别人的优点，试着从点点滴滴的小事中学会感动。然后，你就会发现，这个世界的本来面目并不是你想象的那么可怕，身边的人也没有你原本以为的那么讨厌。用充满爱的心去对待每一件事和每一个人，你得到的回报就是一个充满爱的世界。宽恕别人就是善待自己，宽容是一种美德。就像一本书上说的：我们的心如同一个容器，当爱越来越多的时候，怨恨就会被挤出去，我们不需要刻意地去消除怨恨，而要不断用爱和关怀来充满内心，这样怨恨自然没有容身之处了。听了我的话，甘同学说："老师，我明白了，我要学会的就是宽容，就是要学会感恩。"我笑了。

我成功了！我用智慧培养了孩子一颗宽容之心！

（康有为纪念小学　何妙颜）

二十二

教育智慧短论

每一位老师都要在他的课堂上发挥他的工作能力和工作效能，然而，怎样才能在教育教学工作中发挥他的智慧与能力呢？曾经有一位老师告诉我：“人的价值不在于他拥有什么，而在于他给予什么。”我想，每一位老师的价值不在于他拥有怎样的才能和学识，而在于他能给予孩子什么。教育的责任是什么？从“因材施教”的教育原则中我们明白，每一个孩子都是不一样的，他们都有自己的优势与不足。现在我们要“因材施导”，要用“导”来规范学生的思想和行为变化。然而，孩子的变化，来源于老师和父母的教导。只有老师和家长通过观察孩子的行为和思维特点，并针对这些特点施予有针对性的教育和引导，孩子才会有变化的可能。其实每一个学生，都想做“好孩子”，然而怎样才算“好孩子”？如果只一味地以传统道德规范和父母、老师所提出的要求作为唯一的衡量标准的话，并非每一个孩子都能达到。因为每个人的生活、成长、家庭环境各不相同，性格、心理迥异，这些都影响着他们能力的发展。因此，我们对孩子要“按需给予”，这才能真正发挥他们的优势。

有一位教授曾说过：“我们对自己要改变观念、改变方法提升自己；对孩子要改变态度、改变想法、改变行为才能改变孩子。”在日常生活中，我们要多运用“观察法”，多发现孩子的优点，多鼓励孩子发挥优势；多接受孩子的缺点，慢慢改善孩子的劣势。对待孩子，我们要具备“五心级”的能力：有心、用心、信心、耐心、爱心。我们要消除偏见，以学生为本，才能真正帮助到那些能力不足的孩子。曾经有一位自控能力较差的孩子经常在课堂上“自由活动”，同学们都很不喜欢他。然而，我却用赞赏的眼光看着他说：“同学们都说不喜欢你，但我想抱抱你，可以吗？”孩子们都愣住了，我又说：“你们都想做好孩子吗？想要奖励吗？”每一位孩子都说要，连那位“自由活动”的孩子也说要。然后，我用真诚的眼光看着那位孩子，对他说：“你今天的奖励是一个拥抱，你想要吗？”孩子愣了好一会儿，然后不好意思地点点头。从那一节课开始，孩子慢慢地学会了听我讲话，听我上课，减少了“自由活动”的行为。只要你给机会，其实他们都想做好孩子。每一个人都需要别人的肯定，这是人生价值的体现，所以，对每一个孩子都要用“赏识”教育。

然而，要做有智慧的老师，我们就要在自己的专业上多想问题。曾经有一位老师说：为什么外国的诺贝尔奖获得者特别多？其实就是因为他们在专业上多想问题，没有问题的学问本身就很有问题。因此，他们在各自学科中不停地探索、研究。在学问面前，我们要敢于挑战权威，善于在学问中发现问题，创新新知识。作为一名教师，我们要知道办法总比问题多，怎样用有效的方法去解决问题，是我们不断学习和创新知识的动力。

最后，我认为，教育就是教之以理，育之以德。教育之成败关键在于爱。爱之以纳，爱之以心，爱之以恒，爱之以启，爱之以导，爱之以展，爱之以扬。每一个孩子，他们都有无数种可能，只要是有“智慧”的教育和引导，孩子们都能成为明亮的星星。

（康有为纪念小学　朱颖辉）

二十三

让语文课堂充满智慧

智慧的语文课堂是充满情趣、灵性的课堂，是主动、互动、生动的课堂，是预设与生成相得益彰的课堂。现代教学理论认为，语文教学是思维活动的教学，没有思维，就不称其为语文教学。智慧的语文课堂是灵感火花的碰撞与展现，是动态生成的，是开放的、互动的、真实的、多维的；是教师与学生、学生与学生、学生与文本的多元对话；是充满生命活力，充满智慧与挑战的课堂。教师应善于为学生创造思维冲突，捕捉思维火花，把握“预设”与“生成”，使我们的课堂教学过程成为激发师生生命潜力、焕发生命激情的过程。

（一）智慧的课堂应该是引导学生“再创造”的课堂

任何文学作品，都是一个多层面的未完成的图式结构。它的本身并不能产生独立的意义，而意义的实现要靠读者通过阅读使之具体化，以读者的感觉和知觉的经验将作品中的空白处填充起来……在阅读教学中，我们要引导学生根据他们的生活经历、情感体验、审美情趣，去研究那些未定性的层面，去填充那些空白，进行文本的再创造。

课文《梅花魂》中有这么一句话：“几千年来，我们中华民族出了许多有气节的人物，不管历尽多少磨难，受到怎样的欺凌，从来都是顶天立地，不肯低头折节。”我引导学生反复读这句话。结果，学生从中读出了“宁愿站着死，不愿跪着生”的吉鸿昌和“人生自古谁无死，留取丹心照汗青”的文天祥……又如《将相和》中写“负荆请罪”故事时，有“廉颇静下心来想了想，觉得自己为了争一口气，不顾国家的利益，真不应该。于是他脱下战袍，背上荆条，到蔺相如门上请罪。”这段话无疑给学生留下了创作的空间：到了蔺相如的府上，廉颇说些什么，蔺相如说些什么，他们又做了些什么。学生展开了想象的翅膀。有同学说：“……老天爷仿佛要考验廉颇似的，下起了鹅毛大雪。廉颇背着荆条跪在冰天雪地之中，一动也不动。蔺相如见此情景，十分感动，连忙脱下自己身上的衣服，披在了廉颇身上……”多精彩的一“披”，学生的创作也在这“披”中迸发出了灿烂的火花。

（二）智慧的课堂应该是凸显探究的课堂

《义务教育语文课程标准》中指出：阅读是学生的个性化行为。创设问题情境，让学生静心阅读文本，调动学生思维与情感的参与，有利于整体把握课文，进而对文本产生富有“个人意义”的理解感悟。实践证明，一堂课创设的问题情境不宜过多，“牵一发而动全身”的关键问题能一问抵多问，能有效地避免课堂上浅层次上的“碎问碎答”所带来的高耗低效。

在教授《草船借箭》第二课时，我创设了这样一个问题情境：神机妙算是什么意思？读读课文，认真体会课文的哪些地方体现了诸葛亮的神机妙算？其中第二个问题是主问题，一下子激起了学生“头脑风暴”，学生带着这个问题对课文进行了自主研读。在“学生—文本”的对话过程中，学生对文本信息进行了重建。有同学说：“诸葛亮说只要三天就能完成造箭任务，后文写第三天大雾漫天，顺风顺水，由此可见诸葛亮算到了第三天的天气和风象，真是神机妙算。”有同学说：“课题中‘借’字充分体现了诸葛亮的神机妙算，因为‘借’是有借有还的，诸葛亮的‘还’是在战场上‘还’到曹军的身上。”多有创意的回答，真正读出了文本的未尽之意、未有之意。

（三）智慧的课堂应该是鲜活灵动的课堂

语文课堂应该追求文本、作者、教者与学生之间的多向情感交流。要实现情感的交流，语文老师必须站在孩子的角度，用一颗童心去感受、去思考、去寻找文本与生活的联系，寻找走进孩子心灵的方式。真正的语文课堂应该让学生在课堂上以一种无拘无束的心态走进课文，积极表达自己那些富有个性色彩的阅读感受，并在阅读中自然而然地陶冶思想、张扬个性、提高能力。

一年级上册《虎王开会》一文，教师可通过让学生转换角色来激发其学习兴趣：“如果你是‘百兽之王’老虎，看到那么多动物都准时到达，而小小的蜗牛却没来，你会怎样想？说话的时候会是怎样的语气呢？如果你是小蜗牛，听到老虎大发脾气，又会怎样？”这样将文本情境、文本经历巧妙地“嫁接”到学生身上，使学生感同身受，在阅读中渐入佳境，内化语言，感悟情、理、意、趣。对于老虎的心情，有的学生认为是生气，有的认为是担心，还有的认为是疑惑；对于蜗牛的心情，有的认为是害怕，有的认为是得意，有的认为是恭敬。不能强求一致，而要鼓励求异思维。当学生真情投入谈到是否喜欢小蜗牛时，有的说蜗牛懒惰，不喜欢它；有的喜欢小蜗牛，因为它聪明，肯动脑筋想办法。只要学生理解得合乎情理，且能按照自己的理解读出相应的语气，教师就应该用鼓励的语言去支持他们。当然，我们一方面要尊重学生的多元理解，尊重他们的个性化感悟；另一方面也要把握必要的是非尺度，避免太多游离于文本之外的活动或者表演，引领学生走上科学、合理、合情的感悟之路。只有当师生的主动性、积极性得到充分发挥及互动时，实际的教学过程才会更加生动、活泼、丰富。

新课程实施特别注重教师的教育智慧。因为新课程所期待的课堂应该是生命相遇、心灵相约的课堂，是质疑问难的场所，是通过对话探寻真理的地方。而这样的课堂是自然生成的，是无法预设的，它总在有序与无序的整合中发展。教育的最终目的不是传授已有的东西，而是要把人的创造力诱导出来，将生命感、价值感唤醒。我们应该用智慧的心灵去唤醒学生智慧的头脑，用智慧的生命去启迪生命的智慧。

（康有为纪念小学　蔡冬英）

二十四

我的"智慧法宝"

当今社会对教师的要求越来越高，家长对教师的期望也越来越大，而学生的自主性越来越强，心灵却越来越脆弱。许多人都感叹做教师不容易，做当今的教师更难，而我却立志要做一个在当今有为的教师。

在日常的教育教学工作中，难免会遇到各种各样的问题，但无论面对怎样的问题和困难，我都能轻松应对，因为我有我的"智慧法宝"。记得我有一个学生叫小志，学习成绩好，但不遵守纪律，喜欢欺负其他同学，脾气也比较犟，对老师的批评和教育有逆反心理。但我注意到当他和同学一起活动时，出主意的多数是他，而且还很讲义气。于是我便对他的优点多加表扬，还让他处理班中的一些事务。这样连续几次后，我发现他开始愿意接近老师了，于是我就把他叫到跟前，进行面对面的交流："你在学习上做得很好，能够有自己的见解。但你在纪律方面却像换了一个人似的。难道你不想让自己成为一个全面发展的学生吗?"他低着头说："我想。""你是一个有恒心的孩子，老师相信你会战胜自己的缺点。不要让老师失望好吗?"我说完后，他郑重其事地点点头。第二天，在他身上发生的违纪事件明显减少了。我又找他进行交流："你今天做得很好，相信同学们也感觉到了。但是你要让同学们彻底改变对你的看法，还需要今后更加努力，加油!"经过一段时间的交流，他的缺点逐渐减少，闪光之处越来越多，他不但克服了自己的坏脾气，而且能主动为班级做好事，学习也更优秀了。在一次班干部改选之前，我又一次鼓励他："小志，老师现在惊喜地发现你在各方面都有进步，你的组织能力强，愿意当老师的助手为同学服务吗? 记住，男儿当自强，爱拼才能赢!"第二天的班委竞选时，他第一个走上讲台竞选，最后他当选为数学科代表。老师的信任、同学们的拥护，充分发挥了他的优势与特长。在他当选后，我还是经常与他交流，及时给予鼓励。如今，他不仅是老师的得力助手，而且还是同学们心目中的好干部。

有人对我说："你的感情投资胜过枯燥无味的说教。"对！但这只是我的智慧法宝之一，我还有第二个法宝——利用自己的榜样作用教育学生。

在学校里，教师是学生最亲近、最尊敬的人，学生具有天然的“向师性”，对教师特有的期望和依赖使他们通过模仿教师来形成自己的人格。因此，教师要充分利用这个优势，做学生健康道德的指路人。为此，我处处严格要求自己，一言一行都要做学生的表率。例如，教育学生对待朋友，一个“诚”字相当重要，以诚相待才能交到真正的朋友。作为班主任，我以身作则，一言一行都做到一个“诚”字，用学生的话说就是“老师说话算话”。试想，一位言行不一的老师在学生心目中如何树立威信？那势必会给我的班主任工作带来极大的不便。又如，我教育学生要以礼待人，礼貌是一种道德规范。我自己也以礼相待每个学生，做到一个“礼”字，往往能够取得意想不到的效果。得到学生的帮助，我会说声“谢谢”；做错了事我会说“对不起”。这不是形式，不是过场，而是尊重！记得一个周三下午，第一节的美术课改为语文课。预备铃刚响我就走进教室准备上课，学生对我说：“老师，怎么不是美术课呀?”这时，我才恍然大悟，知道自己忘记预先通知学生了。当时我赶紧对大家说：“对不起，我忘记通知大家了。”学生们都说没关系。接下来我语重心长地对同学们说：“任何人都有出错的时候，老师会，你们也会，我们一起改正自己不好的地方，大家互相监督，好吗?”大家一致说好。由于自己敢于承认错误，使同学们上了一节生动的“思品课”。

我运用自己的智慧法宝，走过了十六个春秋，我将继续按照这个标准来要求自己，努力践行“做有为教育，创有为人生”的诺言。

（康有为纪念小学　蒋朝阳）

二十五

做一名“智慧·有为”的教师

《师说》曰：师者，所以传道授业解惑也。教师，不只是简单的教书匠，还要教授学生为人处世的道理与主动学习的可贵品质。当学生犯错误时，我们如何才能使学生心悦诚服地接受教育而不至于产生抵触情绪呢？这时，教师要做一名智者，善于把握每个学生的特点、捕捉教育的适当时机，与学生交心谈心，给学生创造一个良好的接受教育的环境。这样做，既避免了学生的自尊心受到损害，又让学生的心灵受到了教育与触动。

小杨是一个聪明的男孩，从小在父母的熏陶下迷上了阅读，知识面广，在课堂上常能说出同学们不知道的趣事、新鲜事，大伙儿都挺佩服他，称他为“杨博士”。他也挺享受这份荣耀，不时使出一些坏点子来显示自己的才干。有一天，有个孩子悄悄地告诉我：“老师，杨博士可会赚钱了，每次同学向他请教时，他都要收一元钱才给同学抄他的作业。”我故作神秘地说：“谢谢你，请你保守秘密，不要在班上讲这件事，好吗？”接下来的几天，我都“按兵不动”，而是观察小杨的一举一动，寻找“教育”的良机。几天后的一个下午，小杨找到我，说：“李老师，妈妈给我报了新东方的英语班，每逢星期二放学后我都要去上课，您能帮我调一下值日的时间吗？”我和颜悦色地说：“不行，值日表是早就安排好的，为了你一个人去改动它，多麻烦呀。”小杨一听就急了：“老师，您就帮帮忙吧！妈妈说这个班一旦报了名就退不了钱的。”我沉思了一会儿，说：“这也不是没有办法的，真要解决问题，那就给钱吧。每换一次值日，就给那位同学一元钱。反正你挣钱的机会多着呢。”话音刚落，小杨的脸一下红了。沉默了一会儿，他终于支支吾吾地告诉我：“老师，我错了……”原来，坐在他后面的小轩、小仪常向他请教数学题，他嫌烦不愿意教。后来，小轩提出每教一次，给一元钱的酬劳。小杨心想，这钱不赚白不赚。于是他先后收下了三元钱，买了一瓶矿泉水。事情终于水落石出了，我让小杨分析自己做得不妥之处，最后我对他说：“你和小陈商量一下吧，相信他会乐意和你交换值日的，并且不收一分钱！”小杨不好意思地笑了。后来，他在作文里写道：“当我看到李老师那一脸‘奸笑’的时候，我就知道这次不会有好果子吃！我怎么那么糊涂，做出这种事呢？这真是‘财迷心窍’惹的祸呀！”

面对小杨的错误，教师处理问题的目的有两个：一是要弄清楚事情真相，二是要教育学生。面临的问题是如何让小杨不失“面子”，又受到教育。如果立即找来小杨讲道理，他或许会迫于教师的“威严”，而被动地承认错误，但一转身就忘记自己的错误在哪里。所以，我没有采用这种方法。我不训斥小杨，而是微笑着和他平等地交谈，利用他想调换值日这一契机，引导小杨学会换位思考，使小杨从中受到心灵的触动和思想的感悟。这种触及心灵的教育方式，效果会更持久、更有效。

作为一名教师，这样的教育工作日复一日，年复一年，常常会使我们形成某种固定的思维定势，并由此形成自己相对机械的工作程式——一旦遇到学生做错事，通常采取严厉的批评说教。可是，当你换一种思维方式进行工作时，你或许更容易接近事情的真相，并取得更好的教育效果。因此，对于教师来说，教育学生既是感情的投资，也是智力的考验。教育的智慧就蕴藏于实践之中。只有我们深入地研究学生、研究教育，常反思自己的教育行为和教育效果，才能促进教师自身的专业成长，成为一名“智慧·有为”的教师。

（康有为纪念小学　李欣）

二十六

四块糖果

陶行知先生当校长的时候，有一天看到一位男生用砖头砸同学，便将其制止并叫他到校长办公室去。当陶校长回到办公室时，男孩已经在那里等了。

陶行知掏出一块糖给这位同学："这是奖励你的，因为你比我先到办公室。"接着他又掏出一块糖，说："这也是给你的，我不让你打同学，你立即住手了，说明你尊重我。"

男孩将信将疑地接过第二块糖，陶先生又说道："据我了解，你打同学是因为他欺负女生，说明你很有正义感，我再奖励你一块糖。"

这时，男孩感动得哭了，说："校长，我错了，同学再不对，我也不能采取这种方式。"陶先生于是又掏出一块糖，说："你已认错了，我再奖励你一块。我的糖发完了，我们的谈话也结束了。"

（摘选自陶行知：《陶行知教育名篇》，教育科学出版社 2005 年版。）

二十七

陶行知喂鸡

有一次，陶行知先生到武汉大学演讲。他走向讲台，不慌不忙地从箱子里拿出一只大公鸡。台下的听众全愣住了，不知陶先生要干什么。陶先生从容不迫地又掏出一把米放在桌上，然后按住公鸡的头，强迫它吃米。可是大公鸡只叫不吃。怎样才能让公鸡吃米呢？他掰开公鸡的嘴，把米硬往鸡的嘴里塞。大公鸡拼命挣扎，还是不肯吃。陶先生轻轻地松开手，把鸡放在桌子上，自己后退了几步，大公鸡自己就开始吃起米来。这时陶先生开始演讲："我认为，教育就像喂鸡一样。先生强迫学生去学习，把知识硬灌给他，他是不情愿学的。即使学也是食而不化，过不了多久，他还是会把知识还给先生的。但是如果让他自由地学习，充分发挥他的主观能动性，那效果一定好得多！"陶先生说完，台下一时间掌声雷动，为陶先生形象的演讲开场白叫好。

（摘选自陶行知：《陶行知教育名篇》，教育科学出版社 2005 年版。）

二十八

拆表的故事

一位朋友的夫人来看陶行知，说起她的孩子把一块新买的金表拆坏了，她非常生气，狠狠地揍了孩子一顿。陶行知听了，连连摇头说："哎呀，你打掉了一个'爱迪生'。"接着，他讲了美国发明家爱迪生小时候喜欢做实验，被学校开除以后，在他母亲的引导下，逐渐成为发明家的故事。

后来，他又亲自到朋友家里，把那个小孩请出来，带他到修表店去看师傅修表。他们站在修表师傅身边，看着他把表拆开，把零件一个个浸在药水里，又看着他一个个装起来，再给表加上油，用了一个多小时，花了一元六角钱修理费。陶行知深有感触地说："钟表店是学校，修表师傅是老师，一元六角钱是学费，在钟表店看一个多小时是上课，自己拆了装装了拆是实践。做父母的与其让孩子挨打，还不如付出一点学费，花一点工夫，培养孩子好问、好动的兴趣。这样，'爱迪生'才不会被打跑、赶走。"

（摘选自陶行知：《陶行知教育名篇》，教育科学出版社 2005 年版。）

二十九

蜻蜓的故事

一天午后，一群小孩子在田间的小路上奔跑，追逐着一只蜻蜓。蜻蜓闪着绿莹莹的大眼睛，颤动着翅膀，惊慌地上下乱飞。也许是被追赶得昏了头，突然，它猛地撞在树干上摔了下来。翠贞扑上去捉住了它，几个孩子抢着要，叫着嚷着，闹成一团。

陶行知恰好从村里走出来，孩子们看见他，齐声欢叫："陶先生！陶先生！"陶行知停下脚步，见他们在捉蜻蜓玩，便慈爱地抚摸着翠贞的小辫子问："翠贞，你知道蜻蜓吃什么吗？"

翠贞想了一下，回答道："吃虫子。"

"吃露水"，另一个男孩说。

孩子们七嘴八舌地抢着说："吃草，吃树叶，吃泥土！"

陶行知拉着孩子们坐在田埂上说："还是翠贞说得对。蜻蜓吃虫子，苍蝇、蚊子、水里的孑孓它都吃，你们说蜻蜓是不是我们的好朋友？"

翠贞听完点了点头。陶行知从她手里取过蜻蜓，高高举起，阳光下，蜻蜓的圆眼睛一闪一闪的，尾巴一撅一撅的。陶先生又问："蜻蜓尾巴有什么用，谁知道？"

"蜻蜓用尾巴在河里点水。"

"尾巴是指方向的。"

陶行知将蜻蜓小心地翻过去，指着它的尾巴说："你们看，它的尾巴是一节节的，又细又长。它用尾巴保持平衡，调整方向。在它饿极时，会将自己的尾巴吃去一截，不过，以后会再长出来。"接着他将蜻蜓的头部对着孩子们说："它的眼睛很大，结构很复杂，是由成千上万个小眼睛构成的，可以看清四面八方的虫子……"

孩子们入神地听着，一个小男孩伸出小手，小心翼翼地抚摸了一下蜻蜓的尾巴。陶行知将蜻蜓举在眼前，用商量的口吻说："蜻蜓是吃害虫的，它是人类的朋友，放了它，让它为我们去消灭害虫，好不好？"说着把蜻蜓还给翠贞。翠贞看看小伙伴们，孩子们纷纷说：“放了它，放了它，让它回家去!”翠贞张开小手将蜻蜓往上一送，蜻蜓忽地坠落下来，在地上挣扎了几下，又展开翅膀向空中飞去。

陶行知说：“孩子们，我们观察生物，切不可将它捉来弄死。一只蜻蜓一年可以为人类消灭成千上万只蚊子。你们看，它在大自然中飞来飞去，多么自在、多么活泼!”

蜻蜓在空中飞了几圈，很快飞到流水潺潺的河面上，俯冲上升，盘旋翻飞。孩子们注视着它，欢呼着：“嗬，在跳舞呢，看!”

陶行知又由此想到许多学校的生物课，都是将活生生的东西弄死，做成标本。他多次指出：“生物课不要变成死物课，‘生物陈列所’不要变成‘僵尸陈列所’，更不要在无意中培养孩子们残忍的天性。”他主张把孩子们带到大自然中去。要认识青蛙，可以到河边去观察；要认识小鸟，可以到树林里去。这样，孩子们才能观察到真正的生物，才能学到真正有用的知识。

（摘选自陶行知：《陶行知教育名篇》，教育科学出版社2005年版。）

三十

点石成金

陶行知对少年儿童求知、学习的方法，经常有所指点，最为突出的就是“点石成金”的故事，这也可以说是少年儿童求知、学习的最主要、最关键的方法。

在一次育才学校的晨会上，陶校长讲了一个故事：从前有一位很有本领的道人，只要他用手一指，面前的乱石立刻会变成黄金。一天，他让众徒弟坐在四周，自己用手指点着地下一堆石块，石块立刻都变成了黄澄澄、亮光光的大小不等的金块。众徒弟看了又惊又喜，个个拍手叫好。道人对徒弟说：“每人选一块金子，拿去买点吃用的吧！”徒弟们都扑到黄金堆里去翻拣，有的要选一块颜色最黄的，有的想找一块亮光最足的，大家东翻西找忙个不停。这时有一个徒弟没有去拿金块，而只是呆呆地站在道人旁边，两只眼睛紧盯着师傅点金的手指看。道人问他：“你为什么不去挑选呢?”这徒弟回答说：“金子虽好，但一用就完，我看中了师傅那个点石成金的指头。”讲到这里，陶校长突然停住了。学生们急于要知道故事的结局，都催促他：“校长，你快点讲下去呀！”

陶校长不再讲故事，却一转话题说：“世上有多少人被闪闪发光的金子迷惑，而忘记了点石成金的指头。同学们，你们在学校求学，可不能光想要得到老师和书本所传授的现成知识，这仅仅是世界上知识的一点点，随着时代的发展，这些现成知识还不够用。有些同学拼命把老师教的和书本上的知识死记硬背，即使你能全部背出，但在追求学问（真理）的大道上还会碰到许多新事物、新问题，到那时你能责怪老师没教过、书本上没见过吗？死记硬背不思考就会成为书呆子，老师‘教多少’就‘记多少’，这样是赶不上时代、超不过老师的。如此，则我们的国家就会一代不如一代。我们求学必须要学会寻找获取知识的途径和方法，这就是要拿到开发文化宝库的金钥匙（也就是这根点石成金的指头）。这样，你们自己就可以一辈子无止境地去探求知识，你们就能超过老师，我们的国家就能一代更比一代强。”同学们听到这里恍然大悟，懂得了陶校长讲故事的意图。

从此，大家不再死记硬背，各自努力探索寻找获取知识的途径和方法。老师们也不是片面地向学生传授现成知识，而是帮助学生掌握学习各门学科的方法和技巧。

（摘选自陶行知：《陶行知教育名篇》，教育科学出版社 2005 年版。）

第四章

有为故事

要读小说家写的故事，更要读发生在真人身上的故事。在漫长的教育生涯中，为师者本身就是一本故事书，故事虽不大，道理却不小。细细品味为师者的有为故事，我们会有许多新发现。现在就让我们一起来品味有为之师的动人故事吧！

三十一

那节语文课，我教会了孩子

课堂是学生获得知识的主要阵地。对于班主任而言，善于捕捉课堂，也可奏响有效的教育旋律。

还记得那段时间，作为班主任，同时担任语文教学工作的我发现班里的学生都有一种榜样盲从，但凡“榜样”做的事都是对的，“榜样”嘴里说出来的话都是真理。这种盲目崇拜和盲目跟风的情况让我很担心，并想找个时机杀杀这股“歪风”。

那天的语文课，我教的是老舍的《母鸡》。在课堂上，我抛给学生一个问题：文中哪个句子直接写出了作者的情感变化？话音刚落，孩子们都开始低头寻找。有的孩子在认真找，有的在左顾右盼，有的则在与同桌对答案。我走到之扬的身旁检查，看见他找的句子很准确，但我故作惊讶地喊道：“哟！看不仔细，错了，请站起来！”立刻，几十双眼睛齐刷刷地瞧向我们这边。我提醒道：“看清楚了！”后来在检查中发现，有不少同学都把原来正确的句子划掉，找了别的句子。全班只有9位同学“被错误”了。接下来，我让孩子们读两个句子，判断哪个句子是正确的，不少坐着的同学都说自己找的句子是正确的。站起来的之扬与“黑马”知言分别为自己所找的句子进行分析说明，他们头头是道的分析让我暗自高兴。当我宣布正确答案时，课堂里顿时杂音四起：“我刚才也找的这句的！”“我也是呀！”“我原来是对的！”我听了，马上回应了一句：“不要‘马后炮’！”顿时，课堂鸦雀无声。

接下来，我跟学生说：“在语文的学习中，我们需要的是独立判断，不需要随波逐流！”我还分析了现在班里语文学习的一种跟风、盲从的现象，孩子们听完我的话，都变得若有所思。我趁热打铁，让学生把这件事记录下来，并谈谈自己的体会。

课堂是孩子的，我要利用好这个课堂，让孩子们在语文课上习得的不仅仅是知识！

在批改孩子的作业本时，不少孩子的体会是深刻且触及心灵的。有的写道：

"要懂得相信自己，在榜样效应中千万别迷失了自己。"有的写道："王老师的故弄玄虚，是为了让大家认识到学习不能盲从，不能人云亦云。"有的写道："这次我真的懂了，无论在学习还是生活上，都要学会独立思考。"看着一篇篇文章，我仿佛看到那一张张若有所思的脸，我感到在这节语文课上我教会的不仅仅是让孩子懂得思考，更重要的是促使他们慢慢地改变了。

当学习成绩优秀的学生某次测验成绩不理想时，其他同学向他投来关切的目光，似乎在说："不要紧，下次再努力!"而当事人如果懂得反思自己的学习，也学会微笑着面对自己的失利。

学习生活中出现了问题或矛盾，大家都不会像以前那样乱起哄，而懂得分辨是非，班集体慢慢形成了和谐的氛围。

课堂上再也不会出现那种盲目跟风的现象，而更多精彩在绽放着，独立思考和自主阅读点燃了思维的火花。

看着孩子们在学习中慢慢养成的良好的思考习惯，看着孩子们在课堂中越发自信，我想说：真正的教育应该是师生、生生心与心的碰撞、交汇与融合，因为教育是对人的教育，教育的目的是让学生懂得人生、学会生活。所以，用真情育人，教诲人的心灵，是教师的天职。而教师尊重学生，善待生命，而后把握契机，厚积薄发，方能水到渠成，真正叩响学生的心灵之门，为学生的有为发展奠定基础。

（康有为纪念小学　王美娜）

三十二

我也喜欢你

午休刚过，同学们正在登记作业。正当我准备走进教室的时候，突然听见教室那边传来阵阵争吵的声音，打破往日的安静，闹哄哄的。我带着一丝不悦，匆匆地赶往教室，准备揪出几个“典型”训斥一番。刚走进教室，就有几个嘴快的学生向我打起了小报告，这个说：“高老师，小俊写小纸条。”那个说：“高老师，小慧哭了。”……我示意大家安静，让班长来说明情况，经过班长的讲述，我弄清了事情的来龙去脉。

“肇事者”小俊此时正面红耳赤地使劲搓揉着一张小纸条，旁边的小婉正抿着嘴偷偷地看着我笑。我沉着脸对小俊说：“写的什么？拿给我看看。”迫于我的威严，小俊很不情愿地把揉成一团的小纸条交到我的手上。我打开已经有些破损的小纸条，上面写着：“小慧，你长得真漂亮呀！我很喜欢你。”句子写得还挺通顺，没有错别字，标点符号也没错，而且还用了一个感叹号。对于刚上二年级、学习成绩很一般的小俊来说，能写出这样一句通顺的话真是难得。看完纸条，我心里觉得又好气又好笑，再仔细一琢磨，才七岁的小家伙，懂什么呀。于是我一本正经地对小俊说：“哈，写得挺不错嘛！小慧同学不但长得漂亮，而且对人很有礼貌，上课听讲很专心，发言很踊跃，不仅你喜欢她，老师也很喜欢她，你跟老师可是英雄所见略同呀！”刚才还低着头等候老师一阵“狂轰滥炸”的小俊很不自然地咧了咧嘴巴，挤出了一丝笑容。紧接着我又对着小婉说：“像小慧同学这样待同学友善、学习又很棒的同学，一定会有许多人喜欢她，对不对？”这时，班上别的同学也叫起来了：“老师，我也喜欢小慧！”“我也喜欢！”“我喜欢小慧，最喜欢跟她一起玩。”“我也是！”……我又把头转向小慧：“有这么多的同学喜欢你，我们小慧高兴还来不及呢，干吗要哭鼻子呀？快笑一个吧。”刚才还觉得很难为情的小慧破涕为笑了。教室内的气氛缓和了许多，我又非常认真地对全班学生说：“老师现在要表扬小俊同学！”“啊？”同学们都不约而同地张大了嘴巴，原以为会挨一顿批评的小俊也满脸疑惑地看着我。我顿了顿说：“同学们都知道，我们学校的有为教育是‘成功每一步，有为每一天’。小俊同学有一双会发现的眼睛，他不但会观察别人的优点，并且还把它通顺地写下来，如果我们每个同学都有这么一双‘犀利眼’，写作文会是一件很快乐的事。这对小俊来说，是多大的一种进步啊！当然，小俊同学可能认为刚才的纸片不怎么美观，老师建议他把他发现的和老师发现的小慧的优点一起整整齐齐地再写一遍，真诚地夸一夸小慧同学，告诉她老师和同学们都喜欢她。行吗?”“是”，小俊响亮地回答。

我又接着对全班同学说：“老师希望大家睁大自己的眼睛，去发现我们班上其他同学的优点，先用你们的笔夸一夸他，明天的班会课上我请你们在班上再夸一夸，愿意吗?”“愿意,”全班异口同声地回应着。

（康有为纪念小学　高文治）

三十三

信任，让他成长

不是每个孩子都美丽，但他们一定是可爱的；不是每个孩子都聪明，但他们一定是独特的。只要教师用爱心去发现，用爱的阳光去照耀，他定会成为有为之人。

班上有一个顽皮、淘气的小男孩——王奕然。这学期我发现他还是个热情、乐于助人，也很乐意为集体作贡献的孩子，只不过是方式经常不对，还总喜欢捉弄同学，拿同学的东西，并把它藏到没有人知道的地方，自己也不用，说他不是，他就会大发脾气，甚至大吵大闹。因此，个性独特的他总会给班级惹麻烦，避免不了跟同学闹矛盾，于是我便开始想办法转变他，让他发挥自身的优点。

开学初，我便让他担任班级的劳动委员，别说，他还真会管人，而且劳动中总能带头干。但是和同学之间的关系还是不太好，且很喜欢搞恶作剧。同学们总是向我告他的状，而且叫苦不迭。因此我想还得找个好的时机让他多发挥自己的优点。

今年的“六一”儿童节，我校要开展全校性的大队活动，各个校区的师生都集中到西校区统一举行。于是，我特意挑选他打队旗，他欣然地接受了任务，而且在整个活动过程中他的表现出奇得好，得到了带队老师的表扬。这一次活动增强了他的自信心，我觉得他像变了一个人似的，做什么事情都比以前积极多了，有时还主动请缨。

他尝到成功的喜悦后，我便给他加了“砝码”。这孩子的学习习惯不大好，对学习的兴趣也不大。为此我特地找他进行了一次长谈，告诉他，既然能当好劳动委员，同样也一定能提高自己的成绩。从那以后，在课堂上我时常把目光落在他的身上，他也时常不好意思地正正身子，或是渐渐举起手来。一段时间以后，他在课堂上精力集中了许多，发言也越来越踊跃了，作业写得也更认真了，测试成绩提高了，在期末考试中还突破了三科平均 85 分的好成绩。而且，现在班级的卫生工作在他的带领下做得越来越细，得到了值日老师的表扬。王奕然同学真的变了，变得自信，变得更加有责任心了，变得会与同学们和谐相处了，由于他慢慢地改掉了身上的很多小毛病，大家都越来越喜欢他了。

确实，自信心对于孩子的智力发展和人格培养有着很大的影响。对于王奕然，我大胆放手，尽量多给他锻炼的机会，让他有更多的机会去体验、去发展，以增加他的自信心。他的成绩一有提高，我就热情地鼓励，让他对自己产生极大的信心，在信心的驱使下，他认真地对待每一项工作。终于，在我的鼓励下他渐渐充满自信，做事积极主动，勇于尝试，乐于面对挑战。他相信自己的能力，肯定自己，进而发展自己，让自己变得健康有为。

（康有为纪念小学　卢素芳）

三十四

在“有为”中成长

时光荏苒，岁月如梭。转眼间，我站在三尺讲台上已经十二个春秋了。十二年来我始终怀着一腔热情，用自己的知识、智慧、人格引领我的学生们一同成长，并肩前行。特别是我校开展了“有为”教育后，“有为”理念一直指引着我开展班主任工作。我们的“有为”其实并不需要孩子做什么惊天动地的大事，而是从点点滴滴做起，从日常学习、生活和工作开始，正所谓“成功每一步，有为每一天”。与孩子共“有为”、同成长。

我认为，爱学生就要了解学生，包括对学生的身体状况、家庭情况、学习成绩、兴趣爱好、性格气质和交友情况的深刻了解。这是做好班级管理工作、提高教育教学质量的必要条件。为了了解学生，我经常和他们在一起，课间、中午经常深入班级，了解学生的学习情况和家庭情况以及学生的在校表现等。通过与学生的交谈、家访，我知道我班孩子在校外的生活情况。例如，我们班上有个孩子叫辉辉，有一段时间天天上学都迟到，来到学校就睡觉。对此我真感到难以接受，但又一想，毕竟他还只是个一年级的孩子，于是我先把气压了下来。我利用课间与辉辉聊天，了解到他迟到的原因：他妈妈没有调闹钟，一家人蒙头大睡，都睡过头了。听到孩子这样说还能怪他迟到么？这多多少少与家长有关系。于是，我教孩子自己要学会提醒妈妈晚上调好闹钟，又与家长沟通，说明孩子准时回校的重要性。当然迟到并不是一两天就可改过来的，辉辉还是继续迟到。看到他，我也只是让他进课室，让他先吃同学为他拿好的早餐。一天天过去了，辉辉还是吃着同学为他拿好的早餐，边吃边听着同学们朗朗的读书声。后来，他逐渐懂得继续这样下去是不好的。偶然有一天，我发现辉辉很早就回到学校，我马上表扬他，还特意问他：“你今天怎么这么早啊？”他回答说：“昨晚妈妈调好了闹铃。”从此，辉辉迟到的次数少了，虽然偶尔会有，但是比起天天迟到这已经是进步了。

此外，辉辉上课还睡觉。他早上来到学校，第一节课开始就是睡觉，甚至有时一直睡到下午，这种情况已经持续一个星期。我心生疑问——到底是什么事情让他这样累，累得连饭都不吃就睡呢？于是我找到家长了解情况。答案找到了：这是大人的责任，孩子变成没有人管了，晚上有时一个人留在家中，有没有睡何时睡连他妈妈也不知道。于是，我便从家长入手做工作：把孩子在学校的情况告诉家长，让家长了解到自己的孩子竟然累得在学校不停地睡觉心里是啥滋味。后来，在大家的共同努力下辉辉上课睡觉的问题有所改善了。

教学相长，辉辉进步我也进步。我自己学会如何去了解一个孩子，理解一个孩子，接受一个孩子，包容一个孩子。在这个过程中我和孩子一起“有为”地成长着。通过几年的班主任工作实践，我深感班主任工作责任重大。孩子是未来，孩子是希望。作为班主任，我们要用爱心来对待孩子；用诚心来打动孩子；用热心去帮助孩子；用微笑去面对孩子；用人格去影响孩子。只要我们真诚地怀着一颗“爱心”，真心对待每一位学生，那么我们就可以在平凡小事中享受快乐和幸福。这正是点点滴滴在“有为”中成长！

（康有为纪念小学　叶敏虹）

三十五

花开的声音

今年春天，刚收上来的杂费丢了800多元，这让我很震惊也很痛心，因为问题出在和我朝夕相处五年多的学生身上。尽管我对某个同学表现出来的小小异常产生怀疑，但是我不能质问，我担心万一不是他做的，伤了孩子的心那该怎么办呢？我很难过！感觉从来没有那样失败过。尽管我一再真诚地说只要你把钱拿出来老师就一定会原谅你，并且和你一同保守秘密，永远永远！事情还是没有一点进展。两天了，如果再没有个交代，孩子们会怎么看这件事情呢？会因为他们心目中的“福尔摩斯”的无能表现而失望，还是觉得在这样一个班级里没有安全感呢？

心情沉重的我迈着沉重的脚步来到教室。我知道现在是该做个“了断”的时候了。当我面对着一张张可爱的小脸，一双双晶莹的眸子时，我看到的是不同于往日的一种凝重。于是我缓缓地说：“孩子们，丢失的杂费我不再追查了。”孩子们的眼睛睁得大大的，有几个同学用探询的目光望着我，好像在说：找到了？还是……？相处了这些年，自己带的学生自己了解，我能读懂他们的眼神就像他们能读懂我的一样。我没有立即回答他们，而是在黑板上写了一个大大的“情”字，慢慢地转过身来：“孩子们，我们一起学习生活已经六个年头了。我熟悉你们每一人就像你们了解我一样。老师在工作和生活中有个最大的弱点，今天不妨告诉你们，那就是永远过不了‘情’字这一关啊！为什么？因为我爱你们，就像爱自己的孩子一样！是谁拿走了老师的钱，我早已知道。我为什么没有找出你来刨根问底呢？是因为我怕同学们察觉后让你有压力呀！不想让你背着个小偷的罪名！我给了你两天的时间了，两天的期待结果却让我很伤心。你知道吗？我决定不再追究这笔钱了。同学们一定会觉得老师是在纵容犯罪。不是的！我是想把这份期待的时间推迟得更久些，我相信他会在不久的将来知错并改过的。如果不改他将面对的是两种结果：一种结果是他绝不悔改，将来很有可能因为犯同样的错误而得到严厉的惩罚；另一种结果是他没有再犯同样的错误，但是要承受一生的愧疚！”说到这儿的时候我停下来，扫视全班同学，然后语气轻柔了一些“可是我不舍得，真的不舍得让他背负沉重的负担面对未来的生活！同学们都想想，倘若是你拿了这笔钱，每天看着老师信任的目光、亲切的笑容，你会坦然吗？你会不会时刻担心你的小伙伴叫你小偷呢？看着爱你的爸爸、妈妈，你的内心能安宁吗？尤其是将来你为人父母的时候，教育你的孩子做人要诚实时，你的心就真的能平静吗？几十年后的某一天，你偶尔回想起你的小学时光，想到你辜负了爱你的老师、爱你的爸爸妈妈的时候，你又是怎样的一种心情呢？想想今后的路，老师不舍得让你承受心灵的折磨！我心疼！孩子，老师真诚地期待你知错就改！两天的时间过去了，也许你花了一部分钱，但是那没有关系，剩多少就拿回多少来。我只要看到你的诚实就够了！老师随时等着你，好吗？那将是一个只有我们两个人知道的秘密！”当我用心说完这段话后，看到的是大多数孩子红红的眼睛……

两节课后，8 张百元钞票“飞”回来了。我拿出 200 元买了 67 袋“上好佳”发给孩子们，庆祝某位同学终于可以绽开笑脸面对未来。

后来孩子们在周记中写道：“老师的一番话让我的眼泪在眼圈里不停打转。这段话，只有一个好老师在用心跟孩子交流时才能说出的，我们永远铭记在心。”

“回首走过的五年时光，老师就像妈妈一样呵护着我们。我们一定好好珍惜跟‘妈妈’在一起朝夕相处的最后一年。我爱你，‘妈妈’！”

“我们哭了，为老师这感人至深的话语；我们笑了，因为爱终于开出了美丽的小花。”“老师笑了。笑得那么灿烂，那么开心！她成功了！她用爱打动了所有学生的心……”

在毕业留言中那个孩子这样写道：“老师，是您使丑小鸭变成了白天鹅，是您给我以做人的尊严，也是您使我相信了人间处处有真情。”这是一个 13 岁女孩的心灵之语，她使我想起了冰心的一句话：“什么是播种者的喜悦？倚锄望——处处已有青青之痕！”我成功了，经过六年的悉心呵护，我播下的爱的种子，结出了爱的果实。常听人说，学生的幸运是遇到一位好教师，我想说，教师的幸福是人生的旅程中有如花般的学生相伴，倾听花开的声音，教师的生命就这样饱满而丰润。

（摘选自于永正：《教海漫记》，东北师范大学出版社 2011 年版。）

三十六

要露一手

（一）

1962年9月1日，我带着初为人师的神圣、庄重、热情和希望，穿着一件白衬衣，一条虽然在里面的膝盖部位打了个补丁却洗得脆生生的浅灰色裤子，跨进了徐州市搬运工人子弟小学三年级（2）班的教室。

教室里一片混乱，小朋友似乎没有发现我的到来。有两个小男孩扭打在一起，显然，他们在我没到来以前就厮打起来了。我赶紧从脑子里“检索”“教育学”、“心理学”中的有关“法则”，包括马卡连柯《教育诗》里的法子，可是用了也不起作用。

一个大个子男生说：“老师，你把他们拉出去！”

“拉出去”，“教育学”上有这么一说？这是“紧急状态”，也只有采取断然措施了，于是我把他们二人拉到教室外面。这一“教育学”上没有的一招果然奏效——教室里顿时安静了。

我努力使自己平静下来，想从头来——和蔼又亲切地“背诵”两天前就准备好的充满诗情画意的“开场白”。可是，我怎么也笑不起来，没有那个情绪。

安静了大约五分钟，学生们又开始骚动起来。讲话的，争吵的，因为对方的胳膊过了桌上的“三八线”而发生“边界冲突”的……

按下了葫芦又浮起了瓢。

这是怎么了，我该怎么办？我对我这个师范学校的堂堂的“三好学生”产生了怀疑。

下课了，学生们议论开了：

“刚毕业的，谁听他的！”

“多穷！穿条烂裤子！”

晚上，同寝室的一位老师问：“你有好一点的裤子吗？”我说：“有。我不是觉得应该给学生一个艰苦朴素的印象吗？”“唉，书呆子！”他叹了一声答道。

（二）

一个多月过去了，我的工作开展得举步维艰。用的全是“教育学”上没有的手段——包括罚站、罚蹲（蹲在教室门后）、用粉笔头砸——才使班级的秩序得以维持。

别看孩子小，心眼倒是有的。你用粉笔头砸了他，他愣着头大声喊：“老师打人！”

“不打好人！”我回击说。那时，我仿佛不是老师，而是一个粗野的孩子。

“我又不是坏人。”个别胆大而又聪明的人虽然还能找到反驳我的理由，但不那么理直气壮了。他知道，自己毕竟有不对的地方，“理”就不那么直了，“气”自然也就不那么壮了。孩子到底是孩子，好蒙。

我并不因此而沾沾自喜，反而陷入了深深的苦恼中。

（三）

不久，雷锋的事迹在报上发表了。

教音乐的余老师教我班学生唱《学习雷锋好榜样》。可是一连用了两节课都没教会。那时，学校有一架风琴，可是余老师不会弹，全靠嗓子上课。

“我来替你上”，我对她说。她求之不得。我让学生把风琴抬到教室。学生们手舞足蹈，一窝蜂似的跑到办公室，又像一群蚂蚁似的把风琴这个庞然大物移进了教室。他们坚决不让我动手。

学生们从来没有像那节课那样坐得这么好，个个挺胸抬头、正襟危坐。我被这种气氛所触动，于是，我使出浑身解数，把在师范学校学到的所有伴奏技巧都用上了，包括分解和弦。最后，琴声使学生们陶醉了。

最后，男女生二部轮唱。歌声清脆、嘹亮，人人脸上洋溢着兴奋和激动。

令我吃惊的是，这节课没让我说一句维持纪律的话。学生们望着我，目光和过去的不一样，好像才认识我似的。

（四）

几天之后，大队部要举行“向雷锋学习”主题队会，请我画一幅雷锋像。晚上我在办公室画画的时候，被我班的邹启虎小朋友看到了。

第二天早晨，许多小朋友围着我，问：“于老师，您会画画？”不用说，一定是邹启虎告诉大家的。

主题队会召开了，很隆重。主席台正中的幕布上挂着一幅雷锋像。画像得到了大家的认可，会场上到处可以听到学生们的啧啧称赞声。

我班同学神采飞扬："那是俺于老师画的！"

谁问他们了！?

渐渐地，我说话灵了。正是深秋季节，我带领他们爬山，搞军事游戏，如"急行军"、"打游击"、"抓特务"……

课间，只要我不进办公室，周围总是围着一群孩子。调皮的孩子特别有心眼："围着老师干什么？——于老师，您到办公室歇歇去吧！"

"我喜欢和大家在一起。"我说，"哎，我开学初的时候，不该用粉笔头砸你们哟！"

"一点也不疼！"他们摸摸头发蓬乱的小脑袋。

"于老师，您跟雷锋叔叔一样，多么朴素。"孩子们说。显然，他们指的是我穿打了补丁的裤子。此时，在他们眼里，"补丁"再也不是穷的象征。

我意识到，学生们之所以喜欢我听我的，是因为我有"一手"。岂止一手！于是，我决定教他们唱豫剧《花木兰》。徐州人喜欢听豫剧。豫剧《花木兰》"这几日老爹爹疾病好转"选段，我是在师范学校读书时跟同学学的，能自弹自唱。我先把花木兰的故事讲给小朋友听，再讲花木兰在机房这段唱词的意思，然后说："请听于老师女声独唱《花木兰》！"

"什么？女声独唱？"小朋友眼里露出异样的神色，又欢呼，又鼓掌！

风琴演奏完慢板的过门，从我嘴里发出的女人一般的声音使小朋友先是惊喜，后是狂热。他们站起来，使劲鼓掌，掌声几乎把风琴弹的过门掩盖住了。

接着，我一句一句地教，小朋友们一句一句地学。调皮的男孩子也像我一样捏着细腔唱，真是其乐融融。

后来，我又教他们写美术字、吹口琴，为他们演奏京胡、唱京戏。我自拉自唱的一段《苏三起解》，更让学生倾倒！

在学生的眼里，我成了无所不能的人，硬是赢得了他们单纯的崇拜，是崇拜扩大了我自身的影响。

跟崇拜我的学生在一起，我觉得"教书育人"的氛围和谐而温馨。细雨绵绵也罢，雷霆大作也罢，我们都能共同度过。

有人说，没有崇拜就没有教育。

对的。

但是，也不能缺少这样一分清醒：不要亵渎那纯洁的崇拜。

教书 30 多年了，我从不忘"露一手"，绝不放过在学生面前"露一手"的机会，尤其是刚接一个新班的时候。

自然，自己必须有一手，有几手更好。

本领越大，师德越高尚，赢得学生崇拜的砝码就越有分量。

（摘选自于永正：《教海漫记》，东北师范大学出版社 2011 年版。）

三十七

幽默

（一）

这节课学的是王鲁彦的名篇《我爱故乡的杨梅》。课文写得清丽细腻，小荣读得活脱传神。其他同学一边看书一边听，人人神情专注，个个沉浸在诗情画意之中。

“细雨如丝，一棵棵杨梅贪婪地吮吸着春天的甘露……端午节过后，杨梅树上挂满了果实。杨梅的形状、颜色和滋味，都非常惹人喜爱……没熟透的杨梅又酸又甜，熟透了就甜津津的，叫人越吃越爱吃……”

课文中的文字变成了有声有色有韵有味的语言，从小荣那清亮甜美的嗓子里发出，同学们仿佛被带进了静谧的果园。

“小建最投入。”小荣读完后，我扫视了一下全班同学，一字一顿、一本正经地说，“他在边看边听的过程中，使劲地咽过两次口水。”

学生们先是一怔，但很快就回过味来，发出一阵咯咯的笑声。

“课文中描写的事物，肯定在他的脑海里变成了一幅幅鲜明生动的画面。我断定，他仿佛看到了那红得几乎发黑的杨梅，仿佛看到了作者大口吃又酸又甜的杨梅果的情景，也仿佛看到了那诱人的杨梅果正摇摇摆摆地朝他走来，于是才不由地流出了‘哈拉子’……”

一阵更响的笑声过后，我郑重其事地接着说：“如果读文章能像小建这样，在脑子里‘过电影’，把文字‘还原’成画面，那就不仅证明你读进去了，而且证明你读懂了。老实说，刚才我都淌口水了，只不过没让大家发现罢了。”

学生们又笑。

下课，听课的老师说我很幽默。并说，我把一个重要的读书方法——边读边想象情节，即把抽象的文字“还原”为生动的画面——通过风趣的语言讲出来，学生不但理解了，而且肯定终生不忘。

我认为，这不是溢美之词。

（二）

读师范时，教我们数学的程老师就善于把深奥的道理用幽默的方式表达出来。

记得刚学函数时，程老师说："函数呀，其实连三岁的娃娃都懂。你们注意没有？三岁的小孩过马路时都知道向左右看看。当他发现左方来了一辆汽车，他会不会作出这样的判断：什么时候我和汽车正好在马路当中相碰，什么时候我才迈开双脚。这就是一个函数问题。三岁的小孩都明白的问题，对于十七八岁的你们来说，就更是不成问题的问题了。"

一阵轻松的笑声过后，对函数的学习的确人人感到容易了。

一次，一位上中学的学生向我讨教如何写论文。我给他讲了一个关于"疝气"的故事：一天，办公室的一位同事说："我的小孩得了疝气，要不要动手术？"一位老师说："要动。我的小孩四岁时得了疝气，做了手术就好了，术后只留下一道很不明显的疤痕。"另一位老师说："我的孩子也做过这种手术，手术很简单，没危险。"第三位老师说："有位老师得了这种病，可是怕动手术，结果连走路快了都不行。几年下来，体质也差了。去年，下决心开了刀。现在一切正常，什么体育活动都能参加，身体也渐渐好了。"听了三位老师的话，那位老师说："明天我就带孩子到医院去做手术。"

故事讲完了，我对学生说："你把四位老师的对话整理出来，就是一篇论文，题目是'得了疝气要动手术'。什么是写论文？如此罢了。你多读几篇论文，读的时候，对照我讲的关于疝气的故事，看看我说得对不对。别小看了这个故事，论文的要素里面都有。"

学生听了，手舞足蹈："妙，妙！于老师，不论什么问题，你一说怎么就这么浅显明白了呢？"

我说："'不论'去掉，换个'有些'。上小学时，我不就常对你们说'用词要准确'吗？"

师生二人开怀大笑。

德国的海因·曼麦说："用幽默的方式说出严肃的真理比直截了当地提出来更能为人接受。"

教学实践充分证明了这确实是真理。

教学中不妨加点"幽默"。适时、适量而又有分寸地"幽"它一"默"，效果绝对不错。

（三）

学完《翠鸟》的第一、二两段，我一看表，离下课还有七分钟。留七分钟学第三段，绰绰有余，因为这一段并非重点。

我发现小庆打了个哈欠，然后用胳膊碰了一下同桌，在嘀咕什么。

“小庆”，我语调平缓却十分认真地说，“请你去逮一只翠鸟。”

他慢慢腾腾地站起来，茫然地望着我。我又把刚才的话重复了一遍，并加了一句：“请你不要推辞。”

“到哪儿去逮呢？”他可怜巴巴的，很神气的眉毛被皱起的眉头扭曲得变了形。

全班同学面面相觑，神情迷惘。

“你看看书嘛！大家都读第三段，看看到哪儿去逮，看出来以后，告诉小庆。”

还没等别人发言，小庆自己说：“翠鸟不好逮。它住在陡峭的石壁上，洞口很小，里面又很深，谁上得去呀！”

我哈哈大笑。他说的正是第三段的主要内容，他读懂了。当我问他为什么要他去逮翠鸟时，他赧然一笑，低声说：“刚才我和同学说话了。”

“你有点疲劳了，对不？”我补充说。

同学们听了，立刻发出会心的笑声。

“逮翠鸟这个光荣而艰巨的任务你虽然没完成，却帮助同学读懂了第三段，功不可没！同学们，第三段告诉我们的正是翠鸟的住处。”说完，我转身在黑板上写下了“第三段，翠鸟的住处”这样一句话。

“处”字刚刚收笔，下课铃响了。

这一个幽默的小插曲，使疲劳的学生们为之一振。师生融融乐乐，陶然于一堂，顺利地完成了教和学的任务。

（四）

幽默，绝大多数是临场发挥。在我的课堂上，经常能听到学生们的笑声。

教《在仙台》时，一个学生问：“老师，北京的大白菜运到浙江怎么便‘尊为胶菜’？您不是说，胶州出的大白菜才叫胶菜，才有名的吗？”

“嗨！冒牌货嘛！不然，为什么要‘打假’呀！可见，那时就有假冒伪劣商品。”接着是一片笑声。

童话课文《小稻秧脱险记》中的杂草被喷雾器大夫用化学除草剂喷洒过后有气无力地说："完了，我们都喘不过气来了。"可是，一位学生在读杂草说的这句话时，声音很大，既有"力"又有"气"。我开玩笑说："要么你的抗药性强，要么这除草剂是假冒伪劣产品。我再给你喷洒一点。"说完，朝他做了个喷洒的动作。全班学生哈哈大笑。这位学生再读时，耷拉着脑袋，真的有气无力了。我表扬说："你读懂了。"于是笑声又起。

教《狐假虎威》时，一位学生把"扯着嗓子"理解为"拉嗓子"。我"啊"了一声说："把嗓子拉长?"说完，用双手做了个拉喉咙的动作。动作做完后，我问："这能受得了吗?"全班学生捧腹大笑。我这是运用归谬法而产生的风趣。

在讨论"当老虎看到大大小小的野兽撒腿就跑，会怎么想"时，有的学生说："哎呀，百兽还真害怕狐狸呢!"有的学生说："奇怪，我又没犯错误，老天爷怎么不让我当大王了呢?"我顺势说："是呀，再说又没到退休的年龄!"我引现在的"退休"要领于老虎身上，又引起哄堂大笑。

一次上作文课。学生们正专心致志地写着，忽然张宁宁怒气冲冲地带着哭腔报告说："于老师，刘希隆弄了我一脸墨水!"

我一看，张宁宁白白的脸上溅了好几片蓝墨水，最大的一片有手指甲那么大。两颗晶莹的泪珠挂在她的眼角上，随时等待着主人发出"冲出来"的指令。

希隆解释道："是我拔钢笔帽时溅上去的，我……我不是有意的。"

我明白了，并走到宁宁跟前说："这叫'锦上添花'！白净的脸上有了这几朵'花'，就更美了。"

张宁宁破涕为笑。

一句幽默的话，化"干戈"为"玉帛"。

一天早上，小队长崔广徐收作业时，所属队员李朝军、赵从军、张安军都说没带来。崔广徐那天穿了一件崭新的蓝毛衣，口儿开在肩上，上面钉了四个黄色金属扣子。我说："广徐现在了不起了，是大尉！你们看，一道杠四颗星！广徐晋升为大尉了，是'大尉司令'，你们'三军'更得听他的。"

我平时称朝军、从军、安军为"三军"。

"那我们是什么？还是兵吗?""三军"之一的朝军问。他最调皮、最滑稽。

"你们当然还是兵喽！而且是列兵。"

"我们不当劣兵，当好兵!"

"'列兵'的'列'是'排列'的'列'，不是'恶劣'的'劣'!"我纠正说，并随手将"列"字写在黑板上。"以后，你们进步了，可以晋升为上等兵、下士、中士、上士。光兵，就有五个等级哩！你们好好干，慢慢来!"

崔广徐真格儿似的，正儿八经地说："请你们回家拿。如果没做完，中午回家补。”

“三军”听了，吐了吐舌头，乖乖地走了。

从此，“大尉”一直伴随着崔广徐。如今都四十出头的人了，同学们见面仍亲昵地称呼他为“大尉”，“大尉”的来历成了百谈不厌的话题。

一句玩笑话，竟使“三军”那么服帖听话，为学生留下那么值得回忆的童年情趣。

（五）

苏联教育家斯维特洛夫说：“教育最主要的也是第一位的助手，就是幽默。”

幽默的语言可以使知识变得浅显易懂；幽默的语言可以使人精神放松，使课堂气氛和谐；幽默感强的老师可以使学生感到和蔼可亲。当幽默营造出一种热烈的气氛时，学生不但乐于听课，而且会发生“共振”效应，老师的水平也能超常发挥，取得极好的效果。为什么相声、小品演员听到观众的笑声、掌声，会越发表演得好，越能淋漓尽致地发挥？道理亦然。

幽默固然有赖于知识的丰富、思维的敏捷、口语的畅达，更重要的是要有融融的爱心、博大的胸怀、乐观的情绪、爽朗的性格。

幽默与冷漠无缘。

（摘选自于永正：《教海漫记》，东北师范大学出版社 2011 年版。）

三十八

献给青年班主任

我属于愿意当班主任的那类教师。

我总觉得，做教师而不当班主任，那真是失去了增长能力的机会，吃了大亏。“人生七十古来稀”，这是古人的看法，现在咱们中国人的平均寿命已经到70岁了。咱们国家正在普及九年义务教育，一个人读一年学前班，再读完9年书，即使不上高中、大学，也有10年光阴是在学校度过的。10年，占了一般人生命的1/7。这是人生筋骨血肉成长最快的10年. 是人生喜怒哀乐感情丰富的10年，是人生意志品质形成的10年，是人生智力才能发展最快的10年，是人生千变万化的10年，是决定一个人今后命运的10年。班级、班集体——人们生于斯，长于斯，变化于斯。在其中时，关心她，爱护她，为她吃苦，为她的荣誉奋斗。离开她后，留恋她，想念她，回忆她，魂牵梦绕见到她……

这怀念的感情经过滚滚滔滔时间长河的冲刷，非但没有消失，反倒经年累月，越积越深。许多人愈到晚年，对其思之愈切，念之愈深。班级和人生维系得这么紧密，班主任这一职业便具有了一定的诱惑力。班级像一座长长的桥，通过它，人们跨向理想的彼岸。班级像一条大大的船，乘着它，人们越过江河湖海，奔向可以施展自己才能的高山、平原、乡村、城镇。班级像一个大家庭，同学们如兄弟姐妹般互相关心着、帮助着，互相鼓舞着、照顾着，一起长大、成熟了，便离开这个家庭，走向社会。我常常觉得班级更像一个小社会，社会上有什么，一个班级便可能有什么。学生们走出家庭，通过在这个小社会中实习，才具有了一定的适应大社会的能力。既然是社会，就有一个管理问题。管理得不好，就会像“文革”运动期间那样，林江政客胡作非为，挑动同胞反目、兄弟为仇，空谈理论、不干实事；许多好人欲干不能，欲罢不忍，想有所为而不能为，以致在一片形势大好的颂扬声中，国家经济到了崩溃的边缘。

管理得合理，便能像党的十一届三中全会以来这样，神州大地万物复苏；邻国和睦，人民互助；生产建设，热火朝天；内陆沿海，到处是实干家施展才能的舞台，只要有弄潮的本领，随时都能成为市场经济大潮中的弄潮儿。

社会、家庭、企业、机关如此，班级亦然，都有一个管理得是否合理的问题。管理得不好，大家在内部斗得头破血流，何谈发展自己，何谈超越别人。管理得好，大家在集体中形成合力，互助协作；每个人都发挥了潜力，多做了事，集体增强了实力，超越别的集体、别的国家才成为可能。

我教了近 18 年书，当了 17 年的班主任，可惜的是，我不能倾全部心力于班级工作，就支付给班级管理的时间而言，我是个不合格的班主任。这 17 年中，我当了 7 年多副教务主任，当了 7 年多书记兼校长。除此之外，我还做了以下一些实事：分别为我所任的 30 个社会兼职（例如：全国教育科学规划领导小组成员、全国中语会学术委员会副主任、全国中学学习研究会理事长等）尽一部分责任。在国内外跑了 40 多万公里路，参加各种会议、讲学，办各种杂事。在全国除台湾、澳门、青海以外的 29 个省、市做了 550 多场报告；在全国 26 个省、市、自治区讲授公开课 480 多次；接待全国 28 个省、市、自治区的 36 000 多人次来校听课、访问、指导；处理了 11 000 多封国内外来信；写了 210 多万字的日记，发表了 84 篇文章，已出版主编的 3 本书、3 本论文集、1 本专著。我像个埋头种他的农民，我喜欢在自己班级的“田地”里耕作，但又不能不到别的“地里”去干活，这自然挤占了我本来可以用于班级管理的时间。尽管如此，我的一届又一届学生们都能够顾全大局、紧密团结、互相关心、互相帮助，没有在堡垒里内讧，而组成了一个战斗的堡垒，大家形成合力，取得了大于分力之和的效果。不少青年教师问我：“时间这么少，还能当得成班主任，您主要靠什么？”我说：“主要靠两大点一小点：两大点，一是民主，二是科学；一小点就是引导学生练气功。”“您能说详细一些吗？您写成一本书该多好！”许多青年教师这样向我建议。近 10 年来，先后有十几家出版社的同志催我把这本书写出来，我总觉得时机还不成熟，一直拖着。催的人越来越多，就不好再拖了，半年前便开始写。

我想，自己写的是一本记录自己怎么做的书，而不是告诉人家怎么做的书。为了让青年班主任读这本书时能够轻松一些，于是许多篇章便像同读者谈心似的，平时怎么想了、怎么说了、怎么做了，就怎么写出来。

班主任工作归根结底要靠青年人来开创新局面，我愿把这本书献给刚刚走上或早已走上这一神圣岗位的青年班主任们，愿和大家一起来商量、探索提高班级管理效率的方法；大家一起来想办法，把这项许多人都感到又苦又累的工作干得轻松、快乐，效果也更好一些。

世界也许很小很小，心的领域却很大很大。班主任是在广阔的心灵世界中默默耕耘的职业，这一职业是神圣的。愿我们以神圣的态度，在这神圣的岗位上，把属于我们的那片园地管理得天清日朗，以使我们无愧于自己的学生，以使我们的学生无愧于生命长河中的这段历史。

（摘选自魏书生：《班主任工作漫谈》，漓江出版社 2002 年版。）

三十九

多改变自己，少埋怨环境

1978 年 2 月 20 日，我经过 6 年的努力，终于实现了自己做一名教师的夙愿。

然而面对的环境，并不尽如人意。两栋平房之间有一个低洼的大操场，四周连围墙都没有，这就是盘山县第三中学。

平房内部还没有顶棚。这样的话，一位教师讲课的声音会直接穿过顶部的人字架，到达第二、第三乃至第四个教室，大家就这样互相干扰着上课。那时房顶还没有扣瓦，上课时一抬头，就能透过木板缝看到蓝天白云。冬天下雪时，有的雪花会直接飘到室内来。此外，全校没有一个实验室。

刚到校时，领导便分配我做班主任并教两个班的语文课。学生呢？也不尽如人意，初二（6）班还不错，初二（8）班可就难了。56 位学生全是男生，是从各个班级挑出来的学习后进生。他们爱玩怕上课，有几位学生填学生登记表时，连父母的名字都写不对。问他，他却埋怨："都怪我爸的名字大难写！"

面对这样的环境，我埋怨过、灰心过、也等待过，想等待环境好了，自己再好好教，自己再搞改革。

埋怨、灰心、等待的结果却是学生越来越难教，自己的脾气也变得越来越糟糕，一事当前，不是想方设法战胜困难，而是先指责埋怨一番。用黄金般的宝贵光阴，换来一大堆无用的指责埋怨，这真是人生最悲哀的事情。

想等办学条件标准化了再改革；想等教师地位提高了自己再安心教学；想等社会上厌学之风改变了之后自己再认真教书；想等所有的人都努力工作之后自己再努力。这样坐等的结果是自己不仅没有改变的希望，还可能因为自身的弱点使境况更不如意。

我体会到，比较有效、实际的做法，还是先从改变自己做起。用七分力量去埋怨、指责环境，可能一丝一毫效果也见不到，有时甚至会适得其反，助长别人的愚昧和自己的野蛮。但只要拿出七分力气中的一分，用来改变自己，就能使自己发生好变化。

埋怨环境不好，常常是我们自己不好；埋怨别人太狭隘，常常是我们自己不豁达；埋怨天气太恶劣，常常是我们抵抗力太弱；埋怨学生难教育，常常是我们自己方法少。

人不能要求环境适应自己，只能让自己适应环境。只有先适应环境，才能改变环境。

从这样的认识出发，我面对现实，千方百计改变自己的教育教学方法。短时间内，我任班主任的班级，班风有了明显的变化，那个全由男学生组成的班级的学生也和我成了朋友，他们还帮着我搞教学改革，帮我设计公开课，学生们的学习热情出人意料的高。

教书不到半年，组织上便要我做教导处副主任，推辞不掉，我只好改变自己教书当班主任的方法，研究一边负责 1 500 多名学生的思想教育，一边兼班主任教语文课的方法。1986 年 3 月 14 日，市委组织部任命我做学校的校长兼党支部书记。学校被特批为辽宁省重点中学，并更名为“盘锦市实验中学”。这几年，在国家教委及省市主管部门的支持下，学校办学条件有了明显的改善，新建了教学楼和实验楼和办公美育楼等三座楼房。不仅有了标准的理化生实验室，还有了体、音、美专用教室和设备先进的电子计算机操作室以及语音实验室。有了四通打字机、摄像机、复印机等设备。校园内还建了假山、喷泉、植物园……

昔日简陋的办学条件已成为历史，昔日不尽如人意的条件改善了，但新的不尽如人意的事情也随之出现：新添上了许多设备，这些设备的保管、维修不精心；一些专用教室使用率不高；房子多、设备多，于是水费、电费、维修费也跟着成倍增长……

可见，人总要面对一个不尽如人意的环境，总要从改变自己做起，才能适应环境，进而才能使环境朝着如人意的方向改变。

（摘选自魏书生：《班主任工作漫谈》，漓江出版社 2002 年版。）

四十

选择积极角色进入生活

一天夜里，凉风习习，我到校园操场跑步，又到东边的小花园内练了一会气功，然后返回教学楼，恰逢毕业班的同学晚自习休息，同学们三三两两地步出教学楼。我进了楼，想观察一下同学们晚自习课间活动的情况。不料在我班的走廊处，听到两位学生正在吵架，吵得十分难听。我做气功时的愉悦心情，顿时被气恼所代替，立即让那两位学生到办公室。

一见到我，他们立即害怕起来。看他们刚才吵架的样子，我本想大发雷霆，见他们害怕，我的气又消了。于是我想，面对犯错误的学生，一位教师其实可以扮演十几种乃至几十种不同的角色。

我可以扮演一个大发雷霆的莽撞的角色，使自己生一顿气，也使学生生一顿气。

我可以扮演一个不负责任、听之任之的角色，结果学生愈来愈淘气，我的威信也越来越低。

我可以扮演有着极丰富经验的教师角色，给学生分析吵架的弊端危害，为学生制定避免吵架的措施，使学生佩服得五体投地。

我也可以扮演对学生只会训斥、挖苦一通，别的方面却毫无办法的角色，使师生之间心理上产生隔膜。

我还可以扮演学生外祖母的角色，先施之以关心爱抚，然后再进行教育指正。

我又可以扮演学生的严父、慈母、兄长、亲属的角色，使学生感到亲人般的温暖和爱护，在温暖中改正错误。

我可以扮演学生好朋友的角色，扮演与学生一起淘气的伙伴的角色，再现学生淘气时的心理，然后使其心悦诚服地同我一起将他的错误思想彻底抛弃。

我当然也可以扮演生理保健医生、心理诊疗医生的角色，分析学生犯错误的生理与心理原因，然后帮助其排除障碍。

……

总之，我面前虽是两位吵架的学生，我却有超过两种处理这个问题的选择。选择的角色不同，决定着教育效果的不同。

我选择了“严父与心理诊疗医生”的双重角色，先施之以爱，继而给予具体细致的心理分析。他们听着我的分析，既没有吓得胆战心惊，又对错误有深刻的认识，对自我进行了有效的反省。他们心悦诚服地接受了教育，并学到了控制自己犯错误的方法。我也为自己角色选择的成功而感到由衷的欢乐。

我经常觉得，日常生活中，我们无时无刻不面对各种角色的选择。面对同一件事，我们可以扮演多种角色。在生活这个大舞台上，我们更扮演着多种角色，我们千万不能把自己固定在一种角色里出不来。

选择积极角色这个道理，我也经常给学生讲。

我问学生：“老师在大家面前是什么角色?”

“是我们的班主任、语文教师。”

“在全校师生面前呢?”

“是校长。”

“在我校32位党员教工面前呢?”

“是书记。”

“老师出了学校，走在大街上呢?”

“是行路人”。

“对了，这时我就不能把自己固定在班主任的角色里。若走在大街上，对面来了人，我非要给人家当班主任，那不自找麻烦吗?”

“到了十字路口，红灯亮了，我没看到，还往前走，这时扮演什么角色了?”“老师，那您就是违反交通规则者了。”学生笑答，既然是违反交通规则者，就不能想我和交警支队长、大队长都是好朋友，警察批评我，我不服。而应该扮演好违章者的角色，老老实实地挨批评、接受处罚，以后真心实意地改毛病。

我接着又问：“老师到商店里呢?”学生答道：“您的角色就是顾客了。”“在优秀售货员面前呢”“老师是被热情接待的顾客。”“在擅长阶级斗争的售货员面前呢?”“您完全可能成为被斗争的对象。”“在刚和爱人打完仗，装了一肚子气的售货员面前呢?”“老师您完全可能成为出气筒。”

对了，把这些事全部想通了，真的遇上那样的售货员，就不会想不通，就能想到当好出气筒需要多么宽阔的胸怀，需要多强的忍耐力，需要多丰富的心理学知识，这样把她的气给顺下来了，我们还增长了人生经验，丰富了知识，岂不一举两得?若不愿进入这个出气筒的角色，她出气你不让，她骂你也吵，双方都不痛快，每人弄一肚子气，心还容易变得狭隘。

“对医生来说呢?”“您扮演患者的角色。”

“对邮递员来说呢?”“您扮演住户的角色。”

“对政治家来说呢?”“您扮演一张选票的角色。”

“对化学家来说呢?”“您扮演化合物的角色!”

我算是获得荣誉比较多的教师，多次与党和国家领导人合影，先后和党的三任总书记合影7次，多次出席在中南海怀仁堂、人民大会堂召开的会议。人民大会堂的会议不要说在下面坐着，主席台上面我已经坐过5次了。有几次正部级干部安排在我后面坐。有一次，我一回头，国务院发言人袁木在我后面坐着。这时，我就不好说：“袁老，你这么高的地位，怎么能坐魏书生后面呀，咱俩换一换吧。”你要求换也不可能换，这样安排自有这样安排的道理，无须惴惴不安，很坦然地扮演好教师代表这个角色就是了。

但日常生活中就绝不能总惦记这些。日常生活中，我想得最多的就是我跟卖冰棍的老大娘，跟卖白菜的老大爷，在人这个意义上是完全画等号的，咱一点也不比人家高多少。我总想，地球上不少麻烦事都是有人总想高别人一头造成的。高人一头，还是人吗?它想成为不是人的东西，凌驾于老百姓头上，老百姓就不让，于是便斗争起来。

总想着自己在人格上和最平凡的劳动者一致，这样便能演好自己“人”这个角色。如果非要说自己和卖冰棍的有什么不一样，那就是咱比人家工作条件好，比人家的人生机遇好。既然这样，那就该更加勤奋地学习，更加努力地工作才对。

1991年暑期，我去西藏讲学归来，要赶到哈尔滨参加全国中学学法研究会第二届年会。我请西藏方面给我买7月26日由成都飞往哈尔滨的机票，拉萨这边说都已联系好了。不料，一到成都说是没有这天赴哈尔滨的飞机。我非常着急，因为哈尔滨2 000多人的大会，350人的讲习班，146人的代表会都在等着我，因我是全国中学学法研究会的理事长。没办法，我只好26日改飞沈阳。到沈阳已是夜里9点多钟了，我赶到沈阳站买了一张站票，好不容易挤上了火车。

站在拥挤的车厢里，我便想，此时我的角色是“挤火车者”，怎样演好这个“挤火车者”呢?站在那里研究人们的表情，研究旅客们的动作，研究旅客语言和他们职业、性格的关系。这样研究着，使我忘记了疲劳，且兴味盎然。正在高兴时，左边来了一个人使劲撞了我一下。我觉得撞得有理，因为我站在过道上，人家要走过去，不撞我怎么办，我朝人家笑笑。又过了一会，右边又来了一位，照我脚面踩了一脚，我觉得踩得也没什么不对，便连说没关系，说得他也不好意思起来，只好补了一句：“对不起。”

倘若不寻找积极的角色来扮演，明明是挤火车者，却不肯安心，总是牢骚满腹，一百个不平一千个不愤，甚至埋怨：“人民大会堂主席台上还有我的座位，怎么坐火车反倒连个座都没有?!”这不是自我折磨吗?

在火车上对乘客而言，我是挤火车者，在沈阳市内我只是五百万市民中的一个。对全人类而言，我只是五十亿分之一，是微不足道的一粒沙子。换个角度，有什么不微小呢？地球在太阳系还算个东西，假如太阳像西瓜那样大，地球毕竟还有豆粒那么大。而到银河系呢？还有豆粒那么大吗？不也成了一粒尘埃了吗?

变换角度思考问题，选择积极的角色进入生活，容易成为一个成功者。

（摘选自魏书生：《班主任工作漫谈》，漓江出版社 2002 年版。）

第五章
成长叙事

每一个人的一生都是一个生命的叙事，每一位教师的成长都留下美丽的足迹。他们的心路历程异彩纷呈，在一个个精彩的叙事背后留下了一串串感人的回忆。且让我们一起来倾听有为之师的成长叙事吧。

四十一

健康有为，幸福成长

如果把“有为教育”看作一棵大树的话，那么只有精心培根本、育枝叶，才能开出鲜花，结出硕果。而我，只是这棵大树上的一片小叶子。这片小叶子站在起点，望着远方，秉着“立社会志，做有为人”这一信念，思进有为的它不忘“有志有为，自觉自为”的校训。瞧，它那充满生命的激情与活力一定是源自于“有为教育”。叶子在这“有为教育”的大树里，真正找到了自己发展的方向，成为一片闪亮的叶子。

对，正是在有为教育理念的熏陶下，才成就了今天的我。今天的我在综合实践活动这个学科领域中找到了自己的一席之地。我在这小小的领域中，为能培养健康有为的新一代而努力着；为能培养全面发展的有为学子快乐并幸福着。感谢有为教育，感谢在您的引领下，让我的教学生涯倍添光彩，让我在学科发展中越做越出彩。这样的一个成长平台能不让人品味一番吗？

踏遍青山人未老，风景这边独好。记得十年前，任教语文的我，一直以为语文将会是我教学生涯中的唯一。没想到，新课程改革的号角吹响后，我与综合实践活动便不期而遇。与此同时，我校刚好正在规划校本课程的开发，感谢校级领导对我的信任，把这个重任交了给我，于是我有了与综合实践活动认识的机会。

当时，也许是少年壮志不言愁，一心只想把领导交给的工作完成好。于是，接受任务后，我便开始了新的思考：思考校本课程与综合实践活动的联系，思考如何开发校本课程，思考如何落实校本课程。经过一番思考与策划后，我开始尝试用综合实践活动这一学科来落实校本课程。作为语文老师的我，刚开始总会被应试教育的教条所牵绊，后来自学了一些关于综合实践活动这个学科的书籍后，终于弄明白原来此门学科是有别于其他学科的，理念的更新将带动教学行为的转变。在尝试的过程中，我欣喜地发现，一直在提倡的素质教育，原来在综合实践活动中是可以做到的，如果真正落实好这门学科，素质教育是会实现的，真叫人有种相见恨晚的感觉。

纸上得来终觉浅，绝知此事要躬行。我校的校本课程的落脚点为茶文化，综合实践活动这一学科便以茶文化为主题开展研究活动。渐渐地，我们研讨出属于我们学校的综合实践活动开展的形式，还设计了一系列的卡片作为活动的过程记录。2003 年，我代表学校参加了区里的综合实践活动课的研讨会并提供课例，有时真为自己的这股勇气而感到惊讶，因为这是我第一次接触综合实践活动，而且还在起步阶段。幸好有专家的引领，在教研员的指导下和在级组的共同努力探讨下，好不容易才设计出将要展示的课例，在提供课例时由于种种原因竟然给我设立了许多障碍，幸好经过我的及时调控，这课还上得挺顺利的。在这基础上，2004 年我又代表学校参加区地方课程、校本课程综合实践活动研讨会并提供课例，也许是有了前一次的经验，我把内容进一步深化，以“茶性感化人性”作为亮点，这一次非常成功，受到老师们的一致好评。两次的展示机会使我在综合实践活动的教学中奠定了扎实的基础。

百舸争流千帆竞，借海扬帆奋者先。从那以后，我就成了综合实践活动的兼职老师，虽说是兼职，但凡是关于综合实践活动的各级教学活动与竞赛都是逃不掉的死任务，开始觉得有点喘不过气来，经常是语文与综合实践活动两个学科一边倒，哪个学科的工作比较重要就先解决哪个学科的任务，说实在话很难做到齐头并进的。我总在想，能不能把这两个学科合在一块儿，使其达到取长补短之效呢？功夫不负有心人，在一次语文综合性学习中，方法终于被我想到了，因为我找到了这两门学科之间的共同点，只要把它们整合在一起，就能达到语文与综合实践活动两不误的效果。同时也让学生明白学科与学科之间是一种多元关系，不能偏于某一学科。就这样，学生上综合实践活动时更加积极、更加投入了，因为他们明白在综合实践活动中培养的能力可以运用到其他的学科当中。从此，综合实践活动深深地扎根在学生的心中。

不积跬步，无以至千里；不积小流，无以成江海。2008 学年开始，我成为综合实践活动的专职教师。专职，顾名思义就是专门执教综合实践活动这门学科。由于学校的领导都非常重视教师的专业发展，尤其是合并为康有为纪念小学以后，李校长为了让我能在这学科有更好的发展而提供了许多学习锻炼的机会。就这样，我便踏上了研究的旅程，使自己转型为“研究型教师”。从一节常态课的实施到一个主题活动的设计，从深化校本课程研究到协助教研员进行区域特色课程开发的研究。在不断深入的探索中，我从开始追求“全面掌控”到现在的“张扬个性”，鼓励“现场生成”。同时也发现自己的角色会根据不同班级学生的不同情况而发生不同的变化，从开始当“导演”逐渐变成了“幕后监制”，甚至有时会成为研究小组里的一员，彻底改变了以往教语文时的那种教师是知识传授者的角色。现在的我，越来越享受与学生一起上综合实践活动课，在我的课堂上，孩子们可以大胆地设想，可以谈天说地，有时为了分组而吵架，有时为了设计失败而伤心，有时为了小组能采访成功而兴奋……百般滋味尽在其中，这样的课堂，学生不就真正成为学习的主人了吗？这样的研究活动，学生的能力不就得到发展了吗？这样的教学，不就实施了素质教育了吗？

努力了、拼搏了、付出了，最后一定会有收获的！回首十年来综合实践活动伴随我的教学历程，回眸留下的一行行深浅不一的印迹，如同在品味一杯香茶，余香在心，久久萦绕。“有为教育”让我走向了专业发展之路，给了我和学生牵手、共同健康、有为成长的机会，让我们师生时时感受着“新生”的喜悦！更让我们师生感受到“成功每一步，有为每一天”的快乐和幸福！

（康有为纪念小学　刘婉莉）

四十二

新岗位·新机遇·新阶梯

34 岁的我已踏上讲台 16 个年头，早已不再是一名青年教师了，可在我的教学历程中却总是不断出现新的机遇、新的阶梯，让我不断地挑战自己，一次又一次证明“我能行”！

刚从教时，我当上了一名语文教师兼班主任。在这多年的教学中，我收获了很多很多……我取得了小学语文高级教师的职称，我熟悉了整个小学阶段语文教学工作的重点，我多次成功地完成了区公开课的任务，我拥有了宝贵的班主任工作经验，我更知道如何与我的孩子们快乐地学习、生活。

就在我以为自己已经学会如何当一名称职的老师时，第一次机遇到来了。学校当时正缺英语老师，正好校长了解到我利用业余时间完成了大专英语的学历进修，她提议我接下本班英语科的教学，同时我还要继续兼任本班语文教学的工作。也许我们“有为人”就是有一股不服输的志气，我硬是把兼任两个主科的重担扛下了。本着对教育事业的热爱，我潜心钻研学习英语教育教学理论，积极参加大大小小的英语教研培训活动。一个学期过去了，在磕磕碰碰中我顺利完成了“半个英语老师”的教学，我又回到了原点。但我衷心感谢这段经历为我日后的成长打下的基础。

时光飞逝，第二次机遇很快就到来了。2008 年，在学校缺英语老师时校长又再次想起了我，而这一次让我真正地成为一名英语教师且延续至今。在任英语老师的这些年里，我和学生们共同成长，是他们鞭策着我不断掌握更多的英语专业知识；在这些年里，我在英语这个教学领域中积极学习并实践着，努力提高自己的专业水平，从青涩变得成熟，开始了新的奋进与追求；在这些年里，我得到了区、校领导以及同科组老师的认可，多次承担了校区级的公开课。

如今我仍会因为学生的成绩而着急，因为他们的顽皮而傻笑，因为他们的贪玩而烦心，也会因为他们的不懂事而伤心，但作为一名教师我总是无法减轻身上的责任与担子。我只希望自己可以足够尽心尽力，让我的每一个学生都可以感受我的关爱——在课堂我是他们的老师，在课下我是他们的朋友。每一个孩子背后都承载着家长殷切的希望，我深知自己所担负的压力与责任，我要让我的学生快乐健康地成长，每个人都可以各尽其能找到自己的闪光点与存在的价值，让家长放心把孩子交到我手里。这是我奋斗的方向，我会一直去努力！

回首我走过的路，“学习学习再学习，实践实践再实践”。就是我教学生涯的最佳写照。我愿意抓住每一次机遇，攀登每一级阶梯，做一个真正的“有为人”！

（康有为纪念小学　郭咏如）

四十三

转变自我，持续发展

对于每个人来讲，机会是平等的，就看自己是否会把握、会珍惜。承载着理想登上舞台，把握住机会走向成功。我在康有为纪念小学从语文学科转教科学学科已有五个年头，这五年既短暂又漫长，这里既有领导的关心、同事的帮助，也有自己的艰苦努力。回顾自己走过的教学之路，欢乐与辛酸同行，收获与遗憾同在。

回想刚从语文学科转教科学学科时的我，面对着新课程改革，该怎么办？该怎样让专业成长？我想，素质和岗位要求应达到动态平衡，个人发展和工作目标应相互配合。

（一）离不开自身努力

自身努力包括自我认识、自我设计、自我调控以及自我反思。自我认识，就是了解自己在教学方面的优缺点；自我设计，就是要根据自己的长处来规划自己的人生，并把自己的长处尽可能发挥出来；自我调控，就是要学会调适，并明确哪些是“有所为”和哪些是“有所不为”；自我反思，就是要事后时刻思考，发现优点并发扬之，发现缺点并改正之。“教师的成长等于经验加反思”，如果我们不对教学进行认真反思，那么每一次教学就只是机械式地传授知识。教学反思很重要，它是教与学的内在动力，每节课要有所得，在反思中学会不断进步。比如，我在上小学科学三年级上册《寻找校园里的动物》时，有一个教学环节要求学生运用多种感官观察找到的动物，如蚂蚁，要求在观察的基础上画下来。在实际教学中是先观察蚂蚁后画蚂蚁，还是先画蚂蚁后再观察蚂蚁？我在几个班采用了不同的教学尝试，得出了几种教法。教法一：先观察蚂蚁后再画蚂蚁，先让同学们观察捉到的蚂蚁，学生很感兴趣，观察得非常认真仔细。有直接用肉眼看的，有拿放大镜看的，有把蚂蚁放在桌子上看的，有把蚂蚁放在手上看的。观察之后让学生汇报，学生将蚂蚁的外形特征描述得也很详细。再让他们画一画，个个都像小画家，这一节课顺利完成了。教法二：先画蚂蚁后再观察蚂蚁，在我们把蚂蚁捉回来前，让孩子们讲讲对蚂蚁有多少认识，孩子们畅所欲言，挖掘孩子们记忆深处对蚂蚁的认识。结果有的把蚂蚁画成脚长在了腹部，有把蚂蚁画成长四只脚的，更有人把蚂蚁的身体只画了两部分等，五花八门。为了清晰地画出蚂蚁，我再让学生将捉来的蚂蚁进行认真观察。当学生们认真观察完，并对照自己画的蚂蚁后，都纷纷举手：有的说蚂蚁的脚画少了，应该是 6 只；有的说蚂蚁的身体应该分三部分，却画成了两部分；有的说蚂蚁的肚子小（胸）屁股（腹部）大，却正好画相反了。经过大家的对比观察，改正了自己先前所画的蚂蚁，在学生改正完后，我又不失时机地问学生，一只小小的蚂蚁你们都画错了，这说明什么问题呢？通过提问，让学生学会反思，懂得要认真观察生活的道理。上完这节课，我有如下深刻的体会与思考：一是尊重学生的原有知识，相信每一位学生并不是一张空白的纸，每个孩子都有自己的思维和观点，虽然有时很幼稚，但毕竟是他们真实的想法；二是学生在学科学时错了不可怕，只要保持求真务实的科学态度，学到的知识才更深刻、更有价值；三是面对教材，我们要树立“用教材”而不是“教教材”的科学教学观，只要让孩子有所发展，必要的调整和取舍都是可行的。

（二）离不开外部支持

信息支持主要包括报纸杂志、资料图片、媒体网站以及专家讲座等。多听听专家的讲座，经常浏览一些在科学领域很有权威的网站，如科学新视野、小学科学以及浙江小学科学网。打破空间的界限，和科学教师一起探讨交流，会使我受益匪浅。这点我深有体会，如我在 2011 年上了一节科学课“听听声音”时，当教案出来时，我满怀希望给学生上了一节课，可是暴露出来的问题很多，根本就是一节拿不出手的课，教学活动太多，学生在课上走马观花，不能深入探究，于是我将这节课的教案发到了小学科学网站的论坛上，得到了内地很多优秀科学老师的支持，纷纷回帖，帮我修改完善教案。最后这节课在区“荔教杯”教学比赛中获一等奖。俗话说得好：“处处留心皆学问。”我们要结合本地的实际情况，把这些教学信息融入我们的教学之中，这对我们的教学提高有很大的帮助。

此外，还得通过培训来支持，包括地市级培训、校本培训以及校本教研。这使我能得到理论和实践的提升与锻炼。比如，我曾有幸得到校领导的支持，在 2013 年参加广州市第二批中小学综合实践活动暨学校科技创新活动骨干教师培训，这对我来说很重要。

综上所述，我认为，要成为一名合格的小学科学教师，需要一个循序渐进的过程，在过程中离不开自身的主观努力和外部支持。主观努力很重要，但外部支持也不可或缺，只有主观努力和外部支持形成合力，才能转变自我，得到持续发展。

（康有为纪念小学　杜丽芳）

四十四

孩子，老师也要上楼梯

生命中的每一次遇见都是美好的安排，每一段经历都是丰厚的礼物。2008年8月，我遇见了一群可爱的孩子，他们走进了我的心灵世界，他们成就了我从教16年来一直未了的心愿——由自己亲手从一年级起带班不再接手他班。他们是我教学生涯中的一份大礼。感恩学校领导、感恩所有搭档同事、感恩所有的家长、感恩天真的孩子！从学前教育的那几天开始，我得以顺利把感恩、理解、奉献、分享、健康成长的美善种子播撒到孩子幼小的心田，并以此作为班主任工作的指导思想。我认识到，一二年级是培养学生品质、习惯、状态、意识、方法的黄金阶段，错过了这个阶段，孩子们的损失将无法弥补，并烙下无法磨灭的遗憾。因此，我时刻保持高度警惕：每一节课的每一句引导语、过渡语、总结语都得用心设计；每一种课型都得仔细琢磨；重点课文都得想几种教学方案，再做比较、筛选、落实。就这样，我怀着感恩、喜悦跟孩子们快乐地度过了两年。记得2010年4月2日上午第一节下课，因下雨停做课间操，我去卫生间的时候碰见了在第3层楼梯处来回踱步的喜欢歌舞的Y同学，嘴里还嘀咕着什么，童心未泯的我好奇极了：

"小Y，有什么心事吗?"

"没，没……老师。我只是想……想看看那些唱大戏的公公婆婆。"

"那你认为是往上走看得清还是反方向呢?"

"我个子小，都看不清。"

我瞪了瞪眼睛，作疑惑样……

"我想上四楼，但学校说低年级不能随便上去……"

"哦，这样啊，现在李老师批准你上去，看2分钟马上回课室。守信用哦!"

"耶!"

身轻如燕的小Y连蹦带跳上了4楼。

楼梯，如若善用，作用可真大！个子娇小的小Y想看到心中向往的风景，得借助楼梯，而且只有打破禁锢往上行走才能达成自己的心愿。我们的人生呢？不也好比上楼梯吗？我们不能留恋于任何一级，但也不能舍弃任何一级，不能徘徊不前，要不停地得到、舍去，再得到、再舍去，且勇于表达，才能看到更美好的风光，才能探索出有为教育新路子。感谢小Y的这份礼物！这两年，我已达成自己多年来独立从一年级起带班的心愿，已掌握了语文教学的一般规律。我所教的孩子各方面基础都打得很牢固，成长得挺健康，所带的班连续被评为“有为班级”。但我不会故步自封，要继续往上走，挑战自我，使自己更有为。后来，我主动请缨，以达成自己从学生时代就喜欢英语、师范毕业后就想教英语的心愿。因为英语教学会遇到更多孩子，那就将会有更丰厚的礼物，无论前方会有多少困难与未知，我都愿意承担！于是我走上了那个楼梯，敲开了那扇门……

感恩充满爱心的校长，她一口答应了。于是，2010年9月，我踏上了英语讲台，踏上新的台阶，开始了从语文转教英语的生涯。接手的还是我原来当班主任的那个教学班，以及其他三个口语班。这又是一份礼物！带着无限感恩与热情的我踏上了新科目的从教之路。一路走来，历经三个春秋，我得到了区教研员、学校领导、科组同事的热情帮助，使我顺利向前。我把语文教学、班主任育人工作跟英语教学结合起来，重视学习基础、兴趣和学习方法的培养，暗自下决心让孩子以流利的英语讲到国外去！因为学科之间有关联，我把很多难点编成顺口溜给孩子们唱诵，孩子比较容易接受，学习热情高涨，学得也轻松。同时我还重视身教，以自身的耐心、爱心、恒心给予学生正向的能量，因此学生的学习成绩始终保持优秀等级。几年来，我所教的班级期末区统考的平均分都在97分以上，优秀率达100%，为学校争了光。

感谢那个想上楼梯观光的孩子，是她给予了我启发，让我不断前行。人生匆匆，不能只是徘徊留恋，需要不停地向梦想迈进，我要以“有为之师”为榜样，帮助孩子奏响有为人生的美好乐章！

（康有为纪念小学　李洁宜）

四十五

认识你自己

风烛残年的苏格拉底想考验和点化一位平时看起来很不错的助手，他对这位助手说："我的蜡所剩不多了，得找另一根蜡接着点下去，你明白我的意思吗?"助手答："明白，您的光辉思想要很好地传承下去。"苏格拉底说："我需要一位最优秀的传承者，你帮我寻找和发掘吧!"于是，助手不辞辛劳地到处寻找，但病入膏肓的苏格拉底却婉言谢绝了他找来的人，抚着助手的肩膀说："真辛苦你了！但你找来的人，怎么能成为我的传承者呢?""我一定加倍努力。"助手恳切地说，"哪怕找遍天涯海角，我也要找到最优秀的人举荐给您。"苏格拉底笑了笑，没再说什么。

半年后，苏格拉底眼看自己就要告别人世，然而寻找传承者的事还没有眉目。泪流满面的助手沉重地说："真对不起，令您失望了!""失望的是我，对不起的却是你!"说到这里，苏格拉底闭上眼睛停顿许久，不无哀怨地又说："本来，最优秀的就是你。但你不敢相信自己，把自己给忽略、耽误、丢失了。你要知道，每个人都可以成为最优秀的人才。关键在于能否自己认识自己，尊重和推荐自己……"

（摘选自［美］罗纳德·格罗斯著，徐弢、李思凡译：《苏格拉底之道》，北京大学出版社2005年版。）

四十六

为师的幸福需修炼

一位美国教师问学生的理想是什么，有的学生回答要成为科学家，有的学生说要成为律师，还有的说要成为公司老板，有一位天真的孩子站起来自信地说：“我要成为一名锅炉工。”原来，这个孩子的父亲就是一名锅炉工。可以想象，这位父亲是多么热爱他的职业，更重要的是，他对这份职业的热爱深深地影响了他的家庭、他的孩子。他把本属于一个人的职业幸福与全家人分享，这是多么可贵的幸福！再看看相关的报道：某学校一位教师在期末工作考评中占末位，很可能被淘汰，万般无奈之下，在学校吞下一枚金属，以示抗议，引起轩然大波。面对来自社会、学校、家长的高度期望和严格要求，教师在工作中承受着很大的心理压力。因此，提升教师的职业幸福感势在必行，这需要全社会的共同努力。作为教师，一种“虽不能至，心向往之”的平和努力是通往教师职业幸福之路的必要心态，“幸福只可以接近，不可能完全达到，但追求它能使人生更美好”。

（一）在教书育人的过程中修炼幸福

师生之间在知识授受和道德人生上的精神碰撞、情感融通、心灵交流，都是其他职业难以得到的精神享受。学生学业的进步、道德的完善、个性的彰显，就是教师最大的幸福。许多温暖的细节历历在目，学生的快乐成长让教师欣慰。逢年过节收到学生一条温馨的短信、一句问候、一束鲜花，那种幸福的感觉难以形容；每当学生向别人对教师进行肯定和夸奖时，教师心中更是无比自豪；每当看到毕业的学生特别是以前的学困生、后进生在各个行业成就一番事业、为社会作出贡献时，一种莫名的成就感就会涌上心头。这些都是别人难以体会的幸福。

（二）在平和淡定的心境中修炼幸福

世界犹如一面镜子：你朝它皱眉，它就朝你皱眉；你朝它微笑，它也朝你微笑。拿破仑·希尔曾经说：“积极的心态，就是心灵的健康和营养。这样的心灵，能吸引财富、成功、快乐和健康。消极的心态，却是心灵的疾病和垃圾。这样的心灵，不仅排斥财富、成功、快乐和健康，甚至还会夺走生活中已有的一切。”当我们无法改变一件事情的时候，就应该去接受它、面对它，担当得起，更要放得下。无力改变环境，就要勇于改变心态。即使戴着镣铐跳舞，也要跳得从容。因此，作为教师，面对纷繁复杂的社会现实要淡定，不能忘记我们职业的核心和本质，不能偏离正确的方向，如果做到这些，我们的工作就是有意义的，我们的人生就是有价值和幸福的。这样我们才能有职业幸福感，才能快乐生活。

（三）在多一分研究的心态中修炼幸福

苏霍姆林斯基说：“如果你想让教师的劳动能够给教师带来乐趣，使天天上课不至于变成一种单调乏味的义务，那你就应当引导每一位教师走上从事研究这条幸福的道路上来。”多一分研究的心态，就会把目光紧紧盯住真实的教育和本质的教育。教师的诗意人生在于思考与研究。多一分研究的心态，就会少一丝焦虑。再也不担忧那些多事的孩子哪天又会惹出什么麻烦，多事的孩子故事多，无论对老师的耐心还是智慧都是很高的挑战。当我们以一种研究的心态，怀着一颗虔诚、感恩的心，面对学生、工作和教育的时候，收获的不仅仅是多篇报刊上发表的研究成果，更珍贵的是来自学生、家长和身边的人所给予的感动。其实，快乐是一种心态，在教育工作中多一分研究的心态，就会用爱的眼神打量一切，收获源源不断的幸福的教育生活。

（四）在专业素养的提升中修炼幸福

伴随着新课改的推进，教材更新力度大、速度快，现代教育技术手段不断涌现，新的教学理念在挑战传统观念，这对教师知识结构、思维方式以及教学手段等都提出了全新的标准和要求。面对这种变革，许多教师感到自身的素质与之相差甚远，似乎高不可攀，而素质的锻炼和提高又不可能一蹴而就。因此，教师要加强学习，不断提升自己，丰富和完善自己，跟上时代的步伐。提升人生境界有两个途径：一是阅读，二是课题研究。教师如果不读书，那真不知道他能不能教好书。阅读经典，能促使你不停地思考，会提升你的文化品位，强化你的人格魅力。阅读报刊、浏览网络，能够使你对世界保持一种新鲜感，能够使你的观点不落伍于学生。同时，你会从这个世界的时事、体育、娱乐新闻中找到与学生交流的话题，从而增加彼此的交融性……阅读可以不断完善自己的知识结构，提高自己的文化素养，拓宽自己的视野，扩充自己的胸怀。每当与学生谈古论今，心灵产生共鸣时，一种莫大的职业幸福感便会油然而生。

生活中的我们只是教师，但仍能写下自己的教育诗，抒发个人的情怀。作为教师要用心去感受、用心去发现、用心去创造，那样，幸福就会悄悄来到身边。善待自己、善待学生、善待周围的一切，修成一个有阳光心态的人，是为人师者一生的责任。

（摘选自李明远：《为师的幸福需修炼》，载《中小学心理健康教育》，2013 年第 2 期。）

四十七

我的“幸福教室”

徒弟虹霞把“老师”几乎做到了极致。教育对她来说，已不只是饭碗，也不只是事业，而是生命中一个重要的组成部分。倘若让她离开学生，很难想象出她会怎样生活。她的教育、教学是创造性的、有远见的。她手把手、实打实地教，自始至终贯穿一个“爱”字和一个“情”字，以情教书若此，学生焉能不被感动？什么学生教不好？

——全国著名特级教师于永正

我喜欢我的教室，喜欢我教室里的孩子。我也有一个小小的梦想，那就是创造一间“幸福教室”。

我梦想，“幸福教室”不仅是一个接受知识的场所，也是拥有无数成长故事、充满精神力量的气场，它有无穷的引力，是我们师生的精神家园。

我梦想，我们的“幸福教室”是孩子们智慧闪光的源泉。能给孩子打开一片言语的天空，让孩子们的精神自由飞翔，情感健康成长。

我深知，一间教室容量的大小和幸福的多少，应该取决于这间教室里教师的视野、教师的智慧和教师的气度。因此，围绕着教室里孩子们的困惑和需要，我开始设计“幸福教室”的内容，开发了系列“幸福教室课程”。

“起步”课程，幸福源自“第一次”。

惠特曼说过：“有一个孩子每天向前走去，他看见最初的东西，他就变成那东西，那东西就变成了他的一部分。”

（一）爱识字从名字开始

开学第一天，一年级教室布置一新，最引人注目的是黑板上挂着的几十只彩球，每只彩球上面都写上了新学生的姓名。

“妈妈，快来看，这只彩球上有我的名字！”第一个走进教室的小家伙大叫。

很快，彩球吸引了所有的孩子，他们大声喊了起来，还不时缠着家长问另外彩球上的名字。

接下来，名字就成了第一节课的活教材。师生利用名字相互介绍，在结识一个好朋友的游戏中，孩子们不知不觉认识了好多小朋友的名字；识字最多的孩子被评为“识字大王”，接受大家的采访，介绍识字经验；受到启发的孩子们纷纷表达自己的识字愿望……孩子们识字的欲望被点燃了！

就这么简单，孩子们对识字发生了浓厚的兴趣，在生活中识字自然而然地开始了。

（二）爱拼音从律动开始

一年级的拼音教学，时间长，效果差。怎么办？

我想到了儿歌，我还想到了音乐。最终，一架钢琴和一台录音机——钢琴教师的手和语文教师的嘴，让“李老师拼音律动”在教室里响起——

圆圆脸蛋扎小辫，张大嘴巴 ɑ—ɑ—ɑ；大公鸡，喔喔叫，拢圆嘴巴 o—o—o；大白鹅，水里游，水中倒影 e—e—e；牙齿对齐 i—i—i；乌鸦的小窝像个 u—u—u，突出嘴巴 u—u—u，小鱼跃起吐水泡，收起嘴巴 ü—ü—ü……孩子们的嘴巴开始跟着动起来，小手也开始翻动语文书，去寻找这美妙律动背后的故事。

我的拼音教学轻松极了，不必喊得口干舌燥，不必急得声嘶力竭。倒是孩子们不断要求反复播放儿歌，他们似乎听不够，也读不够。听——小鼓敲，de—de—de；马蹄响，dɑ—dɑ—dɑ；汽车开，di—di—di；敲门声，du—du—du……是啊，那一个个难拼的音节此刻多容易、多有趣呀！

不到一周，孩子们背熟了儿歌，掌握了节奏，翻熟了课本。无论我怎样变化顺序读“拼音律动”，小家伙们都能以最快的速度找到对应的字母或音节。接着，帮孩子们分分类，把声母、韵母、整体认读音节的朗读和课间休息操结合起来，“点点头，弯弯腰，我们来背声母表 bpmf……”动口动手，寓教于乐。

下一周，教拼读的办法。

两周完成拼音教学，且让每个孩子对语文学习充满兴趣和渴望，我们成功了！

（三）爱我中华从唐诗开始

一年级的学生学完拼音，课本上出现李白的《静夜思》。想起谷建芬老师谱曲的《唱唐诗》：床前的月光窗外的雪，高飞的白鹭浮水的鹅。唐诗里有画，唐诗里有歌，唐诗像清泉流进我心窝……

把它唱好、读好、背好就行，为什么要学唐诗还用我再多说话？

于是组织一年级学生和四年级学生共上一堂课——《祖先的诉说》。动情的吟诵伴着优美的旋律，两个年级的孩子都陶醉了。四年级学生的朗读已经像模像样了，展示给小弟弟小妹妹时自信又自豪。一年级的小朋友情不自禁地跟着唱和，因为识字太少，嘴型一看就不对，但那又有什么关系呢！只要惊奇和羡慕就够了！

接下来就开始了“唐诗背背乐”活动，一首接着一首，一年级的第一学期，孩子们背下了 40 首唐诗。唐诗变成了孩子生命的一部分。

“慢板”课程，幸福的名字叫从容。

在一切都进入高速运转的今天，我们的课堂也越来越多“快，快，快点”，恨不得让孩子不经历坐、爬、站就要会走，甚至直接跑起来。“无望其速成，无诱于势利。养其根而俟其实，加其膏而希其光；根之茂者其实遂，膏之沃者其光晔。”这是先哲韩愈告诉我们的育人之道。我们能不能让孩子的学习从容一点，再从容一点呢？

（四）满怀敬意慢慢写

课程《写好第一笔》，把软笔书法引进语文课内，和硬笔书写同步进行，带一份敬意，体味书写汉字的美好。慢慢地，学生在大方格内，一笔一画地练习，开始了规矩的学习。他们从容观察，慢慢落笔；调整写字教学顺序，把笔画练习时间拉长，把教材同步生字书写有意延后，犹如射箭之前先练好眼力，磨刀不误砍柴工。

课程《长好第二张脸》，先让学生扔掉橡皮，不急不躁，看准再写，慢慢体味直线的耿直、曲线的婉转，学习方的端正、圆的包容。接下来，用毛笔专门练习自己的名字，渐渐地学习“不可抖”的慎重、“不可歪”的端正，拥有自己“不可取代”的自信……

“幸福教室”的孩子，不管在什么时间、什么地方，都真正做到了提笔即练字。只要有汉字，就要心怀敬意地去书写，就要把书写变成喜悦的流泻。

在 2011 年的一次全国教学研讨会议上，我们三年级（1）班的书写素养展示板，给来自全国各地的老师以极大震撼：要不是亲眼所见，怎会相信一个班的每个孩子都能写得那么好。

（五）慢慢读，欣赏啊

经常出差但从未有缺课的担心，因为开设的课程《纯粹地读书》，解除了我的后顾之忧。

学生也习惯了我的临别告白：下周是我们“幸福教室”的读书周，大家可以尽情读书，慢慢欣赏，享受阅读带来的快乐。我会在千里之外随时关注“幸福教室里的宝贝们”，希望你们能在博客里及时上传你们的读书情况，我愿意分享你们的快乐！

从不安排学生必须写读后感，也从不布置必须要摘抄，只要学生悠闲、舒适地读书，慢慢地，学生就有了浸润其中的欢笑和眼泪……

慢，不是降低效率，而是尊重规律；慢，不是磨磨蹭蹭，而是潜心修炼；慢，不是教学方法，而是一种境界！

“快板”课程，“统合”让梦想飞。

在解决了学生的兴趣和习惯问题后，我开始提速，实施“统合”课程：根据新课程标准和学生的认知规律重新整合学习内容，让大量文学性课程资源走进课堂，给学生无限的阅读自由和空间。

（六）“统合”让一年级识了垫塑字

统编教材，我和学生用一半的时间就学完了，剩下的时间，我引进主题学习丛书，也引进大量儿歌、绕口令、韵文、唐诗和中外优秀童书以及古代蒙学读物、现代集中识字读物等。我还与高年级的学生一起，陆续整理出了《童谣识字》《韵文识字》《字经识字》《成语千句》《趣味偏旁》等系列读本。我和学生或领读、或齐读、或自由读，就用这种简单得不能再简单的方式，让学生的识字量、背诵量、阅读量激增。一年级结束，学生人均识字量已达 2 000 字，远远超出课标 1 000 字的保底量。

（七）“统合”让教师资源发挥最大效应

我与美术、音乐、数学、微机等学科教师合作，进行学科间的资源“统合”。例如，根据季节变化或语文学习需要，学生在语文课上给画作起名字、写文字介绍；在音乐课上欣赏或演唱语文课本中的有关音乐歌曲，用语文课时间学习古筝，弹奏《春江花月夜》；语文课教学生吟诵，音乐课改为吟唱；请数学教师讲语文学习对数学学习的辅助作用；把微机课上学到的知识用于语文课堂的课件制作；请美术教师到班里开书法讲座，做专业指导等。教师资源的“统合”，为学生的语文学习打开了一扇扇精彩的窗。

受益的不仅是学生，我的教室里，可以经常见数学教师与学生一起配乐朗读，音乐教师与学生一起吟唱唐诗宋词，生活教师与学生一起阅读名著……

（八）“统合”成就高效学习

2010 年 7 月，在潍坊市小学语文骨干教师暑期培训会上，我带着我的一年级（1）班学生，进行了《整合识字》的教学汇报，赢得了满堂彩。

本课统合后的教学资源是：人教版二年级上册的 8 篇集中识字课文；会认生字重新组合韵文 4 篇；与所识成语相关的成语故事、神话故事 3 篇。

通过教学资源、识字方法和教学策略的统合，实现了在识字中阅读、在阅读中识字的高效教学。包括预习在内总共 4 课时，88 个要求会认的字，无论在语言环境中识别还是单认，学生全部认识；66 个要求会写的字已通过自印的字帖练字完成。按原来至少 16 课时的教学要求，仅课时量至少节约 12 课时！

类似的课例还有很多。

例如《画风》一课，我设计以下学习活动：①走出教室，到大自然中去观察和感受风；②组织学生分别对科学、音乐、美术、体育老师进行采访，了解风是如何形成的，用音乐、美术怎样表现风，风对体育运动的利弊等；③在家长的帮助下搜集有关风的诗歌，进行背诵积累；④课堂教学，指导朗读好课文，扎扎实实进行句式等语言训练，把课文和叶圣陶的小诗融为一体，创作出自己的诗歌；⑤画一张有关风的画，配上自己的小诗。

这一课，把听说读写融合在跨学科学习中，学生得到了全面发展。

（九）“统合”成就学生幸福人生

《动物那些事儿》是我给五年级学生设计的自主专题学习。五年级（4）班的学生先是利用两周的时间通读完人教版、苏教版的一至六年级教材，以小组合作的形式对教材内容进行专题重组，通过网络搜集充实有关内容，自己排版印制为读本。

接着小组合作自主探究同一专题下的相关知识，对其中精彩的词、句、段、篇进行了美读、积累、赏析和仿写。对中外作家描写动物的方法和语言风格进行了比较、梳理；研究了怎样对动物进行写作，最终形成各学习小组的汇报材料，在课上进行了研讨。

课后，同学们欢呼雀跃地捧去了我对他们的奖励：10 本沈石溪的动物小说。学生在博客上说，这是学习热情最高涨、最有成就感、收获最大的课。

（十）“美读”是统合教学的主要策略

我深信朗读的力量。

我执教的高年级班级，是三年级寒假后从各个学校转学来的，多数来自农村，还有不会讲普通话的，至于朗读能力，就可想而知了，都是“唱读”。我就先从抓朗读开始，按照“跟我读”的办法去做——我读一句，学生跟着读一句。

训练一周，学生基本告别“唱读”，对比他们以前的朗读录音，孩子们笑了。

训练一个月，学生已经完全告别“唱读”，再次让他们听第一次的朗读录音，孩子们连连摆手，“不听、不听，太难听了”！当孩子们自豪地在家长会上展示背诵的 15 首古诗和朱自清的《春》时，家长哭了。在后来的家长会上，我和学生一起给家长讲故事、背美文、诵诗词，师生的默契让家长感动、激动，随后就有了世界上最和谐的呼吸——“亲子朗读”。

我们的语文学习从热爱朗读开始，语文由此变得简单而优雅。此后，他们已经代表学校对外展示诵读了。几年来，学生们多次为来校参观的全国各地专家和老师们展示朗读，都赢得了连声的夸赞。

暑假前，我们班参加“中华诵”全市中小学生诵读比赛，荣获冠军。

一首首儿歌童谣，一篇篇课文，一个个故事，一篇篇散文小说，我的朗读一路陪伴学生。这美妙的朗读唤醒学生内心亲近文学的渴望，这真诚的呼唤带给学生走向优秀的震撼和冲动。于是，学生也爱上了朗读，我们师生从课堂走到操场、礼堂，走上展现人生价值的舞台。我们的朗读变成了仪式，这仪式纯洁了我们的心灵。

朗读也把学生从声音世界带进了文学、文字的世界。

母语是可亲的，触摸她最好的办法就是读。通过美读这样一个诗意的途径，充分感受并传达母语的温暖，把学生带到母语温暖的怀抱。美读又是走进文本的桥梁，是走向情感深处的绿色通道，美读让我和“分析”再见，帮助学生内化语言、丰富情感和激发想象。

我们的教室里，美读是“趣”读，学生来感受语言的韵律和节奏；美读是“点”读，点出恍然大悟；美读是“润”读，润泽我们师生的生命。美读那些意蕴灵秀的句子，徜徉于童趣盎然的经典名著，何其幸福。

学生在日记中写道：李老师用她那“此曲只应天上有，人间哪得几回闻”

的美妙声音打动着我、感动着我……我也爱上读诗、背诗、诵诗、吟诗。

三年的摸索研究，终于成就了我的梦想，在个人的能力范围内，我最大限度地提升了学生的语文素养，也最大限度地提升了自己的职业幸福感。我欣慰，因为从课程的角度去思考自己的教学，一个普通的老师也能形成自己的教学风格。

（摘选自李虹霞：《我的“幸福教室”》，载《小学语文教师》，2012 年第 9 期。）

四十八

眼界·创新·合作

——做教师20年的感悟

时间过得真快，转眼间自己做教师已经快20年了，很多学生已长大成人，从他们的身上我也在不断反思——作为一名数学教师，怎样做才能算合格？怎样做才能让我的学生真正健康地成长，长大后能真正成为对社会有用的人？

（一）眼界

先讲一个小故事。2006级的一位学生高二时去英国留学，申请剑桥大学面试时，考官提到这样一个问题：

$\because \infty 2 = \infty$

$\therefore \infty 2 - \infty = 0$

$\therefore \infty (\infty - 1) = 0$

$\therefore \infty = 0,\ \infty = 1$

这个答案显然是错误的，但问题出在哪儿？

她马上联想到高一在国内读书时，我课上举过的一个坐椅子的例子：如果教室里学生很多，老师想知道椅子是否够用，有什么办法呢？可以让学生坐下来，如果有学生站着，说明学生多椅子少；如果椅子有富余，说明学生少。利用这个方法就可以知道自然数、整数和有理数一样多，而实数要比它们多，也就是无穷大也是有大小的，即$\infty 2 \neq \infty$。解决问题的方法实际上就是数学中的对应思想。面试的结果当然是顺利过关。后来这位学生在英国学校放假期间，专门回国来旁听我的数学课。我也听到很多学生毕业后多年，还会提起那些让他印象深刻的小案例。

我上课的很多案例都是从生活中来的，并且很多来自数学以外的其他内容。比如，讲数学应用时，我会从启功先生的字讲起。我们常见的写字本是方格、田字格、米字格、井字格等，而启功先生对于字结构的理解是这样的：

“用笔何如结字难，纵横聚散最相关。一从证得黄金律，顿觉全牛骨隙宽。”

（启功《论书绝句》）

原来启功先生书法的灵魂就是数学中的黄金律。

为什么学生多年后记起来的不是某一道例题，不是某一个证明方法，而是那些小案例？我想，这或许就是数学教学工作的本质，是我们应该教给学生的东西。许多老师一上数学课就是讲题、讲技巧，当然这也很重要，但更重要的是讲数学的本质，讲朴素的数学。打破学生的思维定势，跳开数学看数学，你才能发现其本质所在，切身感受到数学的文化魅力和实际价值。

多年来，我的数学课始终有一项特殊的作业，即要求学生每年读一部数学名著。我为学生开列书目，如美国数学家 R. 柯朗的《什么是数学》，德国数学家菲利克斯·克莱因的《高观点下的初等数学》，美国数学家 G. 波利亚的《怎样解题》，甚至是美国物理学家 G. 伽莫夫的《从一到无穷大——科学中的事实和臆测》，等等。这些经典名著都是数学家们毕生心血的结晶，我要求学生一读再读，反复读，写读后感并在全班进行交流。对于数学学科来讲，数学基本概念反映了数学的本质，是数学的灵魂；对于学生来说，终生受益的是数学的思想方法。阅读经典，是了解、体会和提升数学基本概念和数学思想方法的一个重要途径。我希望通过这些努力，让学生们的视野更开阔，不要以为学数学就是做题，数学学得好就是考试考得好，数学书籍就是教辅书和习题集。2012 年毕业的一位学生在读后感中写道："在此之前，我只知道数学学习除了教科书就是习题集，从不知道书店里还有这样的书……"看到这样的话，我很欣慰，我觉得我的目的达到了。一名数学教师，就是要让学生真正认识数学，看到真正的数学。如果我的学生只是站在远处望着数学大讲"我多么喜欢（或者不喜欢）数学"，那是多么肤浅、多么悲哀的事情。我的一个学生曾为了学数学专业把第一志愿降低，他今年大四，向我咨询攻读数学系哪个专业的研究生比较好，并且立志永远学数学，对很多为了更好地改行而学数学的同学很不屑。

随着教龄的增加，我越来越感受到，教师的工作绝不能仅限于教给学生知识，更重要的是要为学生打开一扇窗，打开一扇门，让学生看到外面更大、更美、更复杂的世界。因此，教师的眼界非常重要，你的眼界有多宽，你就有可能给学生多大的舞台。

（二）创新

再讲一个故事。在一次公开课中，我讲的是"几何概型"，课上学生提出的很多问题视角独特又合情合理，给听课教师留下非常深的印象。比如，有一杯 1 升的水，其中含有 1 个细菌，用一个小杯从这杯水中取出 0.1 升，求小杯水中含有这个细菌的概率。

学生提出：如果杯子里有 10 个细菌呢？1 个细菌被抽取的概率是 0.1，10 个细菌就应该是 $0.1\times10=1$，这显然是不对的。

要解决这个问题需要很多其他的概率知识，一节课根本解释不了。听我课的老师对我说："你的学生真不好对付！"我觉得这正是我想要的。这节课得到了专家们的高度评价，被收录到国培计划中。后来，有几位老师直接把我的教案拿去参加一些授课比赛，但课堂上却没有出现想要的效果。我想，学生需要较长的时间来"适应"老师，"体会"老师的用心良苦，没有平时的点滴积累和逐步培养，就不会提出那么好的、有独到见解的问题。

这节课学生所表现出来的质疑精神和前面提到的要把数学最本质、最核心、最朴素的东西教给学生，是分不开的，这也是培养学生创新精神的基础。中学生很难真正有什么特别创新的东西，但是我们在课堂上一定要培育创新的种子，包括前面讲的多举其他学科的案例，读数学名著等。这些种子也许要等到 10 年、20 年后才能发芽，但我一直在努力营造一个轻松的创新氛围。这和我们学校提出的"全人格、高素质"人才培养模式的要求是一致的。我个人觉得，作为教师，要有一点点理想、一点点情调，不能太俗气，应试要搞，但不是全部，要有度。

在数学课堂上培育创新的种子，也要遵循一定的规律。这几年我自己做了一些探索，有的已经发表在《数学通报》、《中小学数学》等核心刊物上。我的一个体会是，新课程所提倡的创新，不是"推倒重来"，相反，更应该抓住基本概念、抓住基本思想方法，吸收和借鉴老教师的优秀经验。

（三）合作

教师是一种个体性很强的工作，但是当教研组长的这几年，我却越来越感到合作的重要性。一方面，这是一个教研组存在的基础；另一方面，目前的教育教学形势的发展趋势是分工越来越细，越来越要求协调合作、共同提高。因此，招聘数学教师时，我都向校长推荐不同专业背景的人员。这几年我们引进了数学教育、基础数学、数学史、数学应用、计算数学，甚至计算机、生物、物理、环境等具有不同专业背景的教师。不同的知识结构、教育背景，有利于整个数学组团队内的优势互补。我们数学组的教师除了数学课之外，还可以开物理课、生物课、计算机课以及全英文授课的 SAT、AP 等课程。

合作还涉及不同学科之间的协调。很多老师都强调自己所教学科的重要性。我本人有个体会，语文学不好的学生，数学也好不到哪儿去，真正的大学问家对于文理都是融会贯通的，比如丘成桐。每次给学生讲学习要求和学习方法时，我给学生提出的第一条就是要学好语文，并告诫家长要学好数学必须重视语文的学习，重视提高对文字的理解能力和表达能力。有句名言叫“汝果欲学诗，功夫在诗外”，说的就是这个道理。我本人在教学中，也一直希望能做到学科间的融会贯通。比如讲类比时，我会给学生讲牛顿力学与欧几里得几何、爱因斯坦相对论与黎曼几何之间的关系，让学生感受数学思想方法的内涵和价值。家长和学生本来就很重视数学的学习，我从来不会再去刻意强调数学的重要性，从不强化所谓的主科、副科，也不主张布置过多的作业，占用学生过多的学习时间。无论从学校的发展，还是从学生的成长来看，不同学科教师之间的协调配合，都是应该大力提倡和加强的。

（摘选自刘春艳：《眼界·创新·合作——做教师 20 年的感悟》，载《人民教育》，2013 年第 5 期。）

四十九

教育行者东风路

——记阳东广雅中学校长骆东风

骆东风，林加良校长工作室入室校长，北京师范大学教育博士，国家公派英国诺丁汉大学交流学者；国家级英语骨干教师，省级教育科研学术带头人，广东省教育学会民办教育专业委员会副理事长；现任广东阳东广雅中学校长。20世纪末获得“全国五一劳动奖章”、“国家人民教师奖章”、“全国先进工作者”、“全国自强模范”，近年获得“全国优秀民办中小学校校长”等称号，多次受到江泽民、李鹏等党和国家前领导人的亲切接见。

“我是一个实践者，喜欢在实践中总结，在总结中反复思考，最后又在反思中用实际行动反哺回实践中。如此往复。”这是记者初见到骆东风时他所说的一句让记者感受颇深的话。实践，就是行者。的确，教育的改革是需要探索、需要实践的，在实践中才能找到破除教育教学改革枷锁的方法。骆东风深谙其中的道理。

行者无疆，从湖北襄樊到广东中山，再到阳江阳东，一步有一步的风景，纵使行走不便，骆东风却用卓识、智慧开创出一条不同寻常的教育之路。当深入了解骆校长的人生经历后，你会为他光环背后的艰辛而感动，会为他丰富而坎坷的教育生涯而感慨，会为他对教育事业的一片赤诚而感叹。

（一）诠释人生坐标：学问之路——东风自放花千树

骆东风，寄予了无限希望的响亮名字，然而命运却与他开了个不小的玩笑，在迈开人生第一步的时候，他便患上了小儿麻痹症。命运多舛没有击倒骆东风，而是造就了他坚强的性格，成就了一番令人敬佩的事业。

早年从一个自学青年到一个乡村教师，从一个普通教师成为一个优秀教师，如今再从优秀教师成长为学校的领导者。骆东风常常自问：人一生在追求什么？从骆东风的艰辛而坎坷的成长经历中我们可以得到答案，他成长的过程就是追求学问、实现价值的过程。

骆东风出生于一个乡村普通教师的家庭，由于疾病的原因，高中毕业那年他失去了上大学的机会。身体的不幸造就了他坚强不屈的性格，他靠病床上的自学走上了人民教师的工作岗位。他热爱教师职业，因为他懂得通过教师的劳动可以改变许多人的命运，最终也能使自己获得智慧而精彩的人生。他一直不赞成把教师比作“蜡烛”，他说教师在照亮学生前程的同时，也在成就自己，怎么会自我“毁灭”呢？教师的自我价值是在奉献中实现的。他一心一意要成为一名出色的教师，他要在奉献中实现自我。他认为只有善于并不断学习才能成为一名好教师，于是他站在三尺讲台上开始构建一名优秀中学教师所必备的知识平台。

“学习的路一直没停，只要有机会就去学习。”不但如此，骆东风半开玩笑地告诉记者，他还是“五大学生”——除了躺在床上自学完大学课程外，他还读了夜大、刊大、函大、电大。要当好一名教师，没有深厚的专业知识和广博的现代科学理论知识是不够的。这正是骆东风克服一切困难，如饥似渴地学习，吸收新知识的动力。他从不放弃学习，无论在医院住院，还是在院校进修，无论是作为教师，还是作为学校的管理者，他都千方百计地挤时间、钻时间地刻苦读书，他深知打铁必须自身硬，给学生一瓢水，自己必须有一桶水。只有这样，才能教好学生，育好人才。三十二岁的时候，他终于争取到了机会，硬是挤进了大学的殿堂，一口气读完了大学本科和研究生课程，先后获得了华中师范大学的学士和硕士学位；四十二岁的时候，他又开始了北京师范大学教育博士课程的学习，同时考取了国家公派到英国留学，实现了到国外学习先进教育理念的愿望。

忘我的学习几乎占据了骆东风生活的全部。他因此失去了小桥流水般的浅吟低唱，失去了花前月下的卿卿我我，可换来的却是教学能力的提高、教育理念的更新和教学风格的形成，赢得了充实而智慧的职业人生。其间，他曾连续带过十届高中毕业班（任班主任），并坚持进行了三轮课堂教学改革实验。由于突出的教学成绩和丰富的教学科研成果，他一次次走上优秀教师的领奖台，被地方政府确定为享受特殊津贴的拔尖人才；走上学校管理岗位后，由于他坚持用先进的教育理念引领学校，取得了令人刮目相看的办学业绩，被评为全国劳动模范，走上了一名普通教师所能达到的荣誉巅峰。

然而，在骆东风的人生坐标里面，如果说追求学问是人生的横坐标，那么追求价值就是人生的纵坐标，学问的累积就是为了实现人生价值的最大化。“人生的价值就是创造一个有价值的自我，雷锋的价值就是创造一个有价值的雷锋。”骆东风对记者说道，“我做的事就是要尽可能多地帮助别人。”

所获赞誉无数，骆东风却把这些荣誉仅仅看成是他人生奋斗的副产品，他追求的只是工作的成就，是人生价值的实现。他“出走”了，来到了中山，来到了阳东，来到了中国经济改革开放的前沿。他说他仿佛总是听到有一个声音在呼唤，呼唤他走出大山、走出家乡，呼唤他去寻求和经历更加丰富而多彩的人生，呼唤他到更广阔的天地去寻求教育的真谛——“蓦然回首，那人却在灯火阑珊处”。

（二）求解教育方程：探索之路——东风给力百花放

从教30多年，面对许多学校千人一面的旧教育模式，骆东风常常思考：“生命是多样化的，我们的学生不是单细胞动物，我们不能把学生当成单一品种去培养。我们都知道，教育生态多样化发展才能代表教育最先进的生产力。”

教育的发展是多元的，因此教育方程的解也应该是多个的。在骆东风眼中，教育的根在于要多样化发展。

在素质教育的改革洪流中，骆东风激流勇进，率先提出“实施素质教育必须改革传统的教学管理模式”的管理思想，打破了多年坚守的所谓教学“五统一”（内容统一、方法统一、进度统一、训练统一、测试统一）的管理格局。尝试按学生能力编班，探索异步分层教学，实行动态分类管理，这一做法激发了学生极大的学习积极性，培养了学生学习的能力，学校教育教学质量得到了全面提高，真正做到了“轻负高质”。

2010年11月，根据广东省中小学校长培训中心的安排，骆东风进入林加良校长工作室学习。在林加良校长指导下，骆东风与工作室中的各地同行校长共同切磋、互相学习，从而对教育方程有了自己更为独到的解答。

（三）揭秘育人模式改革行动：人本魅力德育

早在中山博文学校主管德育工作期间，骆东风就倡导“绿色德育”理念，建立起一种原生态的德育模式。来到阳东广雅中学后，他传承了这一理念并加以创新，探索实践出人本魅力德育。

德育处主任张俊峰告诉记者，骆东风要求学校长期坚持三大教育主题和四大活动系列。三大主题是“和谐的生命教育”、“健全的人格教育”、“儒雅的生活教育”，重在营造一种学生自我教育、自我成长的氛围与环境；四大系列活动是：感恩教育系列、诚信教育系列、责任教育系列和自强教育系列。涵盖了十分丰富的内容，既有传统美德的教育，又有民主精神的教育，更有爱国主义和正确的世界观、人生观以及价值观的教育。

对于爱的德育，骆东风有自己的思考，他要求全体教职员践行四个“真心实意”——真心实意爱学生，无微不至；真心实意帮学生，千方百计；真心实意尊重学生，民主平等；真心实意欣赏学生，如获至宝。四个“真心实意”就是要让学生在教师的大爱中成长！

对于亲情化的德育，骆东风有自己的主张，即从领导到教师都担任着学生的德育导师。“德育导师的教育方式是一对一的辅导，是亲情化的投入，是心灵的对话，是细心的体贴，春风化雨，润物无声。”骆东风说。

对于青春的德育，骆东风倡导“我的青春我做主”，把成长的权力还给学生。他聘用了10位学生作为校长行政助理，让校长助理和学生干部们引领着学生实行自治：自定校园文明公约，自定手机使用公约，自行设置校园文明监督岗，自行组织校园安全隐患大排查……他们平等参与到学校管理工作的方方面面，在不知不觉中成长为有效的自我管理者。在采访该校的校长行政助理敖子鹏同学的时候，他向记者介绍说，校长的“人生设计课”和“学生领袖的领导力”系列讲座，更为他们增添了几分“指点人生，把握未来”的冲动与憧憬。广雅女生系列活动，又让广雅的女同学们学会了为自己的美丽做主，学会了编织妙龄女生的青春梦想。广雅的德育为学生搭建的是自我展示的舞台和自我张扬的舞台，从班会的主角到集体活动的组织者，从大型庆典的自愿者到每一次社会实践活动的策划人，从读书论坛上的辩手到艺术节舞台上的艺术之星，哪里有德育，哪里就有灵动的青春。

（四）破译课堂教学改革密码：生本活力课堂

在阳东广雅中学，无论是语文课、数学课还是英语课，学生的讲课内容和时间几乎超过了老师。骆东风告诉记者，这是把课堂还给学生的一种表现，把原来课堂教学以老师的教为主转变为以学生的学为主，使老师的“讲堂”变为学生的“学堂”。

在骆东风的引领下，阳东广雅中学正在打造一种生命成长的课堂，他们称之为“活力课堂”，就是要让课堂充满生命成长的活力，他们在践行一种充满人本色彩的教学观和学生观，那就是“成长比成功更重要！”在阳东广雅中学，评价一节“好课”的标准在悄悄地发生变化：大家的目光不再仅仅聚焦于学生学会了多少知识，掌握了几种技能，而是更加关注学生在学习知识和掌握技能的过程中所表现出来的生命状态，所激发出的成长潜能，看学生是否在主动地学习，是否在合作中探究，是否有精彩的展示，是否在开心中领悟，是否在开窍中成长。

在新的教学观、学生观的指引下，骆东风全面启动了课堂教学改革的“一二三四五”工程。改革的目标就是教会学生学习，教会学生成长，改革的核心就是变讲堂为学堂，将课堂最大化地还给学生，实现学习成效的最优化，探索和构建一种以学生为中心的“生本活力课堂”教学模式，改革的关键在于切实落实“让学生充分自学，让学生精彩展示，让成效真实反馈”三项基本要求。“这种课堂教学的重点是激发学生学习的动力，培养学生思维的张力，形成生命成长的活力。”骆东风说。

全体广雅教师以巨大的热情和创新的冲劲投入到了这种崭新的课堂教学模式之中，他们通过集体教研攻坚、备课打磨、推门听课、互听互评、示范课展示等，多角度、全方位探究实践，开创出课堂教学改革的生动局面。虎年岁末，广雅开展了办学以来首届“广雅杯”活力课堂教学大赛，最后评出了学生最喜爱的 12 节精彩课堂，学生们之所以喜欢这 12 节课堂，是因为他们每一个人在这样的课堂都能自主地学习、互动地探究、生动地表现、精彩地展示，他们没有了“成功”的压力却真正体验到了成长的快乐！

（五）重筑教师文化建设经纬：挑战“舒适地带”

“为什么从公办学校出走到民办学校来?”用骆东风的话来说就是，公办学校虽然各种教育资源雄厚，又有政府的支持，但是也有其短板，就是教育体制、课堂教学改革起来有诸多的限制，而民办学校办学形式相对灵活，改革起来会更有活力一点，当然也有一定的困难。骆东风说，当初之所以从较为舒适的公办学校跳槽到民办学校，就是希望在相对灵活的教育体制下，对传统教育体制进行实践改良。阳东广雅学校这几年中考、高考的成绩表明，学校的教学改革经受得住历史的考验。

骆东风认为，在日常生活中，每个人都有自己熟悉的范围和习惯经验，人们在这个范围内活动就会觉得安全、舒适、稳妥，而一旦逾越则可能遇上困难、麻烦、危险和挑战，这被称为人们生活的“舒适地带”。很多人都宁愿留在自己的“舒适地带”，不会理会外部环境的变迁，期望能够过平安、稳妥的生活，教师也不例外！

在我国现阶段民办学校中，教师队伍中的骨干力量主要是来自公办学校的成熟教师，他们一般在公办学校（许多是在公办重点学校）任教至少五年以上，具有比较丰富的教育教学经验，在教育思想、理念，教育价值取向，教学风格和教育教学方式方面无不打上原公办学校教师文化的烙印。这些教师来到民办学校，一般都会驾轻就熟地照搬旧有的教学经验，舒适稳妥地施教于新的课堂。他们的经验对于民办学校来说固然是一笔宝贵的财富，但他们所固守的、在公办学校应试教育氛围下形成的教育价值取向和思维模式却面临着民办学校变革的冲击。作为观念层面上民办学校的文化建设与变革，不可避免地需要教师改变其固有的、不合时宜的关于教育的价值观念和行为习惯。基于以上的思考，骆东风提出了挑战教师“舒适地带”，重塑民办学校教师文化，是民办学校文化建设中的重要任务。

（六）解密魅力基因：智者之路——等闲识得东风面，万紫千红总是春

在阳东广雅优美的校园里，骆东风俨然是一位明星。他用并不高大的身躯扛起粤西地区最著名的民办学校的大旗，虽因早年的腿疾而行走略显不便，但他却担当着这里教育教学改革的引领者。在阳东广雅的校园里，他往往淹没在教师或学生的包围中，以他为圆心，向周围散发着笑语与欢呼，无论教工还是学生，都打心底对他充满由衷的敬意。

记者从骆东风的行政副手口中获悉，1990 年在湖北襄樊从教时，骆东风建议学校成立了一个英语班，并亲自担任该班班主任和外语教学工作。这个班有个学生叫杨帆，刚来不久，他便学骆东风一拐一拐地走路，正好让骆东风碰上了。他不仅没有批评杨帆，还着实夸奖了一番杨帆表演得逼真。在骆东风的教育下，杨帆由一个顽皮的学生变成了尊敬老师、团结同学、勤奋好学的好学生。骆东风行走不便，杨帆每天帮助他打水、扫地，成了他的好朋友。毕业后杨帆考入一所大学的外语系。还有这个班的张晓伟同学，父亲因车祸去世，母亲改嫁，他成了孤儿，面临辍学的困境。骆东风了解这个情况后，来到张晓伟家找到他说：“张晓伟同学，勇敢起来。我供你读书，只要有我吃的、穿的，就有你的。”在骆东风的帮助下，张晓伟顺利考上大学。

由此可以看出骆东风深谙教书育人之道：不仅仅在于向学生传授知识，更重要的是开发他们的智力，帮助和教育他们做人。骆东风以心教人、以情动人。从他处理学生杨帆一事中可以看出骆东风高明的育人之道；从他对学生张晓伟所说的一番感人肺腑的话语，可以看出他对学生的挚爱，看出他对学生的感情有多么深。记者在阳东广雅中学从骆东风对学校德育工作的重视和自己深入研究德育教育的一件件事例中观察到，他更注重的是塑造学生美好、健康的人格和心灵。

骆东风代课的科目是英语，半路出家的他，以自己独特的方式开始教学改革与创新的探索——成效不错！很快，学校就把教高中课程和带毕业班的担子压给了他。骆东风采用开放式的教学方法，让学生张开口、打开心灵地学，交际式、导练式地学，这在当时以题海训练为主、应试教育一面倒的风气下，可谓是大胆的尝试。他常常与科班毕业的老师们进行 PK，看谁讲的课更生动有趣，更得到学生的喜爱。下课后与学生们融成一团，给他们拉小提琴、拉二胡，总能吸引很

多学生，拉近了师生的距离。学生们很喜欢骆东风，他的课花样多，生动又活泼，润物而无声。

“当老师，就要做学生的偶像”，拄着拐杖教书过来的骆东风给自己定下这样的要求。他认为，老师只有成了学生的偶像，才能真正树立起一种威信，学生才会更加勤奋地学习，这是孩子们内在的一种动力。在身体条件最差、工作最困难的从教初期，骆东风以自强不息的意志和奋发学习的行为，去影响着自己的学生，唤醒孩子们向上的意识，促进孩子们积极地成长。

骆东风告诉笔者，他在中山博文学校时开始实验一种“四因素三段式”的英语教学方法，这是他到博文之前最新的学习和研究成果。他在认真学习和研究了建构主义理论和语言教学交际理论的基础上，从中国人学英语的实际出发，按照新课程标准的要求，总结出了一种新的英语课堂教学模式。这种教学模式将有关语言学习的四大因素，即“兴趣（Interest）、动机（Motivation）、吸收（Intake）和输出（Output）”进行整合，构成一个由“卷入（Involve）、学习（Study）和实践练习（Practice）”三个环节组成的、螺旋推进式的教学程序。此前，他已经将自己的这一实验设想在省内编写的英语教师培训教材中进行过介绍，到博文后，他坚持在课堂上实验和完善这一模式，果然受到了学生的普遍欢迎，学生学习英语的热情高涨，成绩明显提升。

骆东风很快受到了学生们的普遍钦佩和爱戴，他们在校园内兴奋地谈论和传颂着骆老师讲过的每一节课。有一段时间，全校从小学、初中到高中，几乎所有学科都不断有教师随时来到骆东风的课堂上听他讲课，大家一方面想验证一下学生中近乎神奇的传说；另一方面真心想目睹一下这位全国优秀教师的教学风采。听完后老师们折服了。一位听过他讲课的小学语文教师深有感触地说：“听骆老师讲课，你会有一种感动，他不仅精心组织课堂活动的每一个环节，他还用心关照教室里的每一个学生，他始终充满激情，他的话语很有感染力。”

“骆校长总是脸带微笑，在校道上、办公室见到学生、老师，他脸带微笑；评课时，他脸带微笑；跟他谈话时，他也是微笑地倾听。”阳东广雅中学教语文的董老师说：“他的微笑可以说是阳东广雅中学的一个标志。”骆东风作为一个学校领导者没有高高在上，而是非常平易近人，这折射出了他的人性关怀的教育管理理念。

在骆东风的日程安排中，没有星期天，也没有节假日。副校长黄良太告诉记者，每天清晨，骆东风校长常常是第一个来到教学楼前，向早起锻炼的同学们致意；每天晚上，他都要到学生宿舍楼去巡视，待学生们都安睡后方才离去。他不知疲倦地工作着，老师和学生都说他是“铁人”，他总是笑着说“我忙，我乐意”。

一路走来，艰辛、坎坷。然而，丰富的教育经历铸就了这样一位不同寻常的教育行者。回望来时路，骆东风一点都不后悔，他的追求让记者敬佩。“路漫漫其修远兮，吾将上下而求索。”骆东风坦言，他追求教育真谛的道路还很长，但他会一直往前走下去。

（摘选自罗峰、潘孟良：《教育行者东风路——记阳东广雅中学校长骆东风》，载《广东教育》综合版，2012 年第 4 期。）

五十

最初的启蒙

对我比较熟悉的人，常常会从我的文字里读到一个名字：苏霍姆林斯基。在我的教育论文中，被引用最多的教育家，除了陶行知，便是苏霍姆林斯基。

对于陶行知，一般读者都很熟悉，对他的教育名言的引述，从未引起朋友们的不解。但苏霍姆林斯基则不同，他是苏联的教育家，我对他的教育观点的引用，常常使一些朋友疑惑：那么多教育家，你为什么单单看中了这么一个外国人？

说“单单看中”有点夸张，但我对苏霍姆林斯基的推崇远远强烈于对一般教育家的注重，以至于现在有不少朋友说我是“苏霍姆林斯基迷”、“言必称苏霍姆林斯基”。对此，我从来都不予以否认，而且，我还曾在《爱心与教育》一书的引言中自豪地宣称：“从我第一次读到了苏霍姆林斯基的《要相信孩子》开始，我就成了苏霍姆林斯基的‘追星族’。”

（一）第一缕霞光

我读大学时很不喜欢教育学、心理学课程。不单单是因为这些课程的教材枯燥、乏味，更重要的是，当时我一厢情愿地做着我的文学梦，自以为以后是“当作家的料”，而那些教育学、心理学与我何干？所以，每次上这样的课，我多半是坐在教室最后一排写自己所谓的“朦胧诗”。

这种“惯性”甚至持续到我已经被分配到乐山一中——在参加工作最初的一段时间里，我从来没想过要读什么教育学经典著作。

因此，当“苏霍姆林斯基”这6个字第一次映入我眼帘时，自然被我冷落了。1982年9月的一个晚上，我在刚分配来的青年教师郝小江宿舍里闲聊时，他热情地向我推荐一本名为《给教师的一百条建议》的书，我仅仅瞥了一眼作者的名字——苏霍姆林斯基，觉得这个“名字”十分拗口（十几年后我才搞清楚，这其实不是名而是姓），我便翻都懒得翻了！

谁知不久，我竟主动追求起苏霍姆林斯基了。

那是我出手打了一个学生之后，被校长狠狠批评了一顿，叫我“好好想想”。当时，年轻气盛的我顶撞道：“我早就想过了，没有什么可想的！”其实，我当时何尝不知道教师打学生是极其不对的，只是嘴硬罢了。在那一段日子里，我心里十分难受，不是对自己的错误后悔莫及，而是对自己的性格是否适合当教师产生了怀疑与自卑。

星期天，我去逛书店。在玻璃书柜中（那时还不兴开架售书），我看到了一本薄薄的书——《要相信孩子》。也许是这个朴素而亲切的书名吸引了我，我立即请营业员把书给我翻翻。翻了几页，我便被它极其平易而又极其流畅的文笔所打动。一看定价：0.32 元，于是我毫不犹豫地买下了这本书。

我是在一个晚上，一气呵成地读完这本小册子的。这么多年过去了，我已记不清书中的每一个观点和当时我具体的心理活动，但是，阅读过程中有一个细节至今还清晰地印在我的大脑里——当读到书中苏霍姆林斯基的一个观点时，我激动万分，竟情不自禁地从书桌前猛地站了起来，脑袋一下撞着了悬在上方的一盏 25 瓦的白炽灯，灯盏剧烈地摇晃起来，昏黄灯光下所有的影子都在摇晃，整个屋子仿佛都在旋转……而我却有一种“陶醉”的感觉。

书中那个令我激动的观点是——

我们的教育对象的心灵绝不是一块不毛之地，而是一片已经生长着美好思想道德萌芽的肥沃田地，因此，教师的责任首先在于发现并扶正学生心灵土壤中的每一株幼苗，让它不断壮大，最后排挤掉自己缺点的杂草。

这个观点在我以后的教育历程中，不但被我在文章中反复引用，而且还成了我至今坚定不移的教育信念。

本来我是在苦闷的心境中打开苏霍姆林斯基这本小册子的，但当我在那个夜晚合上这本书后，我的心中已曙光初露，霞光万道！

这本书，并没有具体的某一句话是针对我打学生这个错误而说的。但全书的灵魂——对孩子的爱和信任——不但使我认识的深刻程度远远超越了“打学生”这个具体的错误，而且使我第一次开始积极地从人性的角度来审视我的学生和我的教育。正是苏霍姆林斯基这位 20 世纪 30 年代就加入苏联共产党的老布尔什维克告诉我——

人性，才是教育的本质所在。

这是苏霍姆林斯基对我的启蒙。我以后十几年关于民主教育的思考和探索都是从这个朴素的观点开始的。

所以，我在《爱心与教育》的引言中写道：“可以说，苏霍姆林斯基的思想，是在我教育生涯的早晨投下的第一缕金色的霞光。”

（二）心灵的拥抱

从此，我如饥似渴地阅读我所能买到或借到的苏霍姆林斯基的著作：《给教师的一百条建议》《给教师的建议》《帕夫雷什中学》《关于人的思考》《让少年一代健康成长》《怎样培养真正的人》《少年的教育和自我教育》《论劳动教育》《爱情的教育》《家长教育学》《育人三部曲》《苏霍姆林斯基论智育》《做人的故事》《给女儿的信》《给儿子的信》……直到我最近读的《和青年校长的谈话》。

我用整个心灵拥抱苏霍姆林斯基。渐渐地，我了解到苏霍姆林斯基的生平事迹。于是，这位伟大的教育家在我的心中活了起来，我似乎能够感受到他的音容笑貌，甚至能够听到他的心脏的跳动——

作为饮誉全球的教育家，苏霍姆林斯基首先是一位充满童心的真诚的人道主义者。他的名字是和他创办的帕夫雷什中学联系在一起的。苏霍姆林斯基每天的工作、生活是这样的：凌晨5点钟就起来写教育日记，一直写到8点钟。然后，他便来到校门口，以亲切慈祥的笑容迎接每一位上学的孩子。学校上课期间，在校长办公室里是很难找到苏霍姆林斯基的，不过，在教室里、体育馆里、学校养蜂场或教研组会议上倒是可以见到他。到了下午放学的时候，他又来到校门口，以眷恋的目光送每一个孩子回家……在帕夫雷什中学，每一个学生都不怕校长；相反，苏霍姆林斯基在哪儿出现，哪儿就会有一群孩子围上来和他说笑。

看着他那精力充沛、仿佛永远年轻的身影，人们很难想象这是一个长期饱受伤病折磨的人。苏霍姆林斯基曾以连政治指导员的身份奔赴反法西斯战场，因身负重伤而被抬下战场，两块弹片一直残留在他的胸部。尽管这样，他仍然一刻不停地从事着教育实践与教育科研，因为他实在太爱他的学生了。为了能直接与孩子打交道，他放弃教育局长的职位，而甘愿当一名校长和教师——在担任校长的同时，他还一直担任一个班的班主任并负责教学工作。他与学生朝夕相处，在教室中给他们上课，在假日里带领他们去郊游，他甚至还和学生一起去荒无人烟的小岛探险。他称学校的每一个学生为“我的孩子”。正是由于他几乎整天都和孩子泡在一起，所以他对孩子们了如指掌。他甚至长期观察并跟踪记录了3 700多位学生的成长历程。

1970年9月2日，还不到52岁的苏霍姆林斯基因残留在胸部的弹片侵入心脏旁那根主要的血管而导致心脏病突发，不幸去世了。在生命的最后日子里，他仍然怀念他的孩子们，渴望回到学校去，同孩子们在一起，听孩子们的笑声。他虽然过早地离开了这个世界，但他给后来的教育者留下了40多部专著、600多篇论文、1 000 多篇小说和童话故事。他的著作被称为“教育百科全书”。

这位伟大而充满童心的教育家，在其晚年著作《把整个心灵献给孩子》的前言中这样深情地写道：“在一所农村学校身不离校地工作 32 年，这对我来说是无与伦比的幸福。我把自己的一生献给了孩子们，所以考虑很久之后给这本书题名叫‘把整个心灵献给孩子’。我认为，我是有这个权利的……我生活中什么是最重要的呢？我可以毫不犹豫地说：爱孩子。”

苏霍姆林斯基就这样走进了我的生活，走进了我的心灵……

（三）“痴迷”的岁月

现在回想起来，20 世纪 80 年代我刚参加工作的头几年，的确是我最“痴迷”苏霍姆林斯基的岁月。后来，我曾在一篇文章中这样描述当时的情景：是的，我不否认我的确是在用整个心灵拥抱苏霍姆林斯基，因为在我的眼里，苏霍姆林斯基的魅力是无法抗拒的。我曾经在三峡旅游的轮船上阅读苏霍姆林斯基的《帕夫雷什中学》，心中激起的感情潮水随长江的波涛一起翻滚；我曾经坐在医院的病房里，一边守候病中的妻子一边和苏霍姆林斯基一起进行“关于人的思考”——夜深人静的午夜时分，整个宇宙似乎只有我和苏霍姆林斯基在倾心交谈……这种体验不知有过多少次了，但每一次都让我有说不出的惬意：当我打开他的书时，一股亲切而温馨的气息便扑面而来，耳畔似乎响起了一位慈爱长者诚恳的忠告和叮咛；而当我合上书时，思想的晴空万里无云，我思维的翅膀会继续沿着被苏霍姆林斯基所照亮的航程自由自在地飞翔……多少次我甚至痴痴地幻想：如果能亲赴帕夫雷什中学见一见我所崇敬的这位教育导师，那将是多么幸福的事啊！

现在想起来感到颇为有趣的是，那时我不但自己迷恋苏霍姆林斯基，而且还“专横”地向我周围的年轻同行们推荐。当时，我担任乐山一中教工团支部书记，于是便“独裁”了一回：自作主张地从天津人民出版社邮购了二十来本苏霍姆林斯基的名著《给教师的一百条建议》，所有团员教师人手一册。

在我接触苏霍姆林斯基的著作之初，我就有意识地学习他：学习他对学生的挚爱，学习他对教育的执着，包括学习他坚持不懈地写“教育手记”。后来我在写有关教育论文或著作时，行文风格也散发着一股浓浓的“苏霍姆林斯基味儿”——夹叙夹议，以情动人，将自己对教育的思考融会于一个个教育故事之中；甚至我的第一本专著《给中学生的一百封信》，在体例和书名上都是在模仿苏霍姆林斯基的《给教师的一百条建议》。

这么多年过去了，我的年龄决定了我不太容易像当年那么“狂热”了，我对苏霍姆林斯基的认识当然也更理智更全面。但就感情而言，我对苏霍姆林斯基的爱，依然没变。

（摘选自李镇西：《追随苏霍姆林斯基》，华东师范大学出版社 2009 年版。）

第六章
教育自觉

教师是北斗星，照亮了孩子求知的道路，指引着孩子前进的方向。这不仅是引路，还要求教师必须达到教育的崇高境界——教育自觉。自觉按照教育规律办事，遵循人的天性来促进人的发展，“自觉自为”以育新人。且让我们一起畅游有为之师的心灵境界吧。

五十一

快乐的课前朗读

作为一名语文教师，我一直希望自己的学生爱读课外书。因此，我一直在自觉地寻找，并从书本、网络以及自己的亲子阅读中试图总结出让学生快乐阅读的方法。

儿子一岁多我就开始和他一起读书。那是一本本绘本，有精美的图画，优美的文字，我们总是边看边读，边读边看，有时我还会问他一两句……渐渐地，儿子喜欢上看书了。他常常拿着一本书，逮到谁就让谁和他一起读，有时候，外公外婆甚至会觉得这个小家伙有点烦人呢。

从儿子身上，我感觉到亲子阅读与朗读对于培养课外阅读的重要性。有一次，我看了《帮助孩子爱上阅读》，这本书正巧也是大力提倡朗读的。为了让我的学生爱上阅读，我决定从朗读入手。读什么呢？我从书柜里找出了几本几年前订阅的《儿童文学》。《儿童文学》是一本优秀的读物，许多故事都曾深深地吸引我，相信四年级的孩子也一定喜欢。刚好本学期有童话单元，我就给学生读童话故事。因为所有的孩子听故事，都是从童话开始的。

为了保证朗读时间，以及保持学生的兴趣，我决定用课前五分钟给孩子们朗读故事。我把这一想法告诉孩子们，所有孩子都一脸灿烂。

与《儿童文学》一同进教室的，还有一个小猪计时器。我把时间定在五分钟的刻度上，朗读便开始了。第一次朗读的故事叫《龙魂》，讲述的是一只小龙——如蛟的故事："夜很静，水底也很静。如蛟一家安详地闭着眼睛，呼吸均匀。突然哗啦一声，水面的月光被分割成无数碎片……'是网。'龙爸爸说，'人类想捕捉我们！'……"如蛟一家的命运牵动着孩子们的心，所有孩子的目光都集中在我的身上。"'妈妈……'如蛟咬着嘴唇，淌下热泪。龙妈妈化作一团燃烧的火球，轰隆一声坠地。"教室里静极了，孩子们已深深地被这个故事所吸引。"脚步声渐远，一队人马行至。一个人说：'真是奇怪，公主跑到哪里去了？''或许已经回宫了吧？'……""铃铃铃……"五分钟到了。"欲知后事如何，且听下回分解。”我卖了个关子，及时打住。“啊？老师，再读下去吧……”学生一脸的不舍与期待。见此情景，我心中暗喜，效果达到了。趁热打铁，我让孩子们每天坚持阅读课外书 10 ~ 20 分钟，孩子们热情高涨，欣然应允。

在小猪定时器的陪伴下，孩子们期待的第二次朗读、第三次朗读……依时进行着。孩子们为小龙如蛟毁灭自己、保存他人的精神所深深感动；从屡战屡败、屡败屡战的糖果熊身上明白了什么叫坚强，什么叫不轻易认输；以“神奇的小黄花”为通行证，进行了一次奇妙的魔幻之旅……课前五分钟的朗读，让孩子的脸上充满微笑。那微笑发自内心，任何人看了都会被打动。那微笑成为我的语文课堂上一道最美的风景线。“昨天晚上你坚持读书了吗？”这是我在课堂上常问的一个问题。那一只只高高举起的小手又是另一道美丽的风景线。

孩子的微笑、孩子的坚持不断感动着我，也驱使着我在快乐阅读的路上不断前进。《夏洛的网》是我推荐给孩子们看的第一本书。这本书的发现得益于网络，成功的推荐则得益于五分钟朗读。朗读的第二天，就有同学连夜从购书中心将这本书买回。很快，班上大多数同学都买回了这本书。大家如饥似渴地阅读着，小猪威尔伯的天真可爱，蜘蛛夏洛的智慧、忠实、无私，深深吸引了他们，没几天工夫就读完了。我一向主张好书不怕多读，我鼓励看书快的孩子看第二次、第三次，鼓励孩子们摘片段写感受……偶尔，我把课前五分钟朗读变成课前五分钟讨论，在讨论声中，孩子们的阅读热情进一步被点燃，阅读感受也有了一定的深度。一部分孩子已将阅读当成生活的一部分。

有家长高兴地告诉我：“老师，孩子最近读课外书的兴趣很大，学习也自觉了很多……”就像在春天里看到了新绿，孩子们的这些变化让我看到了希望。教育的最高境界不就是自觉学习吗？

当然，新绿也有可能碰上严霜，一不小心也许就会凋零，所以我要格外地小心呵护——呵护这一份新绿，呵护孩子的这份兴趣，把快乐朗读进行到底。

（康有为纪念小学　邓亚萍）

五十二

播下兴趣种子，收获梦想果实

伟大的科学家爱因斯坦说过："兴趣是最好的老师。"这就是说一个人一旦对某事物有了浓厚的兴趣，就会主动去求知、去探索、去实践，并在求知、探索、实践中产生愉快的情绪和体验。所以古今中外的教育家无不重视兴趣在智力开发中的作用。我认为，要激发学生的潜能就应从激发他们的兴趣开始。

（一）注重课堂兴趣，让兴趣的种子留在孩子心中

我上课很注重培养学生的兴趣，并尽量让学生把这种兴趣的种子自觉地留在心中。有一天，我拿了一个由机器人兴趣组的学生亲手制作的人形舞蹈机器人，到三年级的科学课上展示。随着机器人的翩翩起舞，学生的眼睛里闪着晶莹亮光，这个机器人是六年级的学生亲手设计和制作的，动作很逗人喜爱，一下就吸引了学生的注意。当展示结束后，课堂上举起了一只只伸得高高的小手，差点就失控了。"老师，这个机器人怎么做的呢?""它还可以做其他动作吗?""我也想做一个，可以吗?"……此情此景，我心里暗想，学生已经对机器人产生了兴趣，并自觉地把兴趣的种子留在心中，就等着它们生根发芽了。

（二）重视课外引导，让种子自觉萌芽

课堂的时间是有限的，只能播下兴趣的种子，要想种子生根发芽，就需要在课外给予时间和空间，这就是种子发芽所需的"水分"和"养料"。因此，我自觉地抽出大量的课外时间，指导学生开展兴趣活动，每到活动时间，孩子们都准时地来到课室，期盼着活动的开始。当我宣布今天的任务时，孩子们就迫不及待地开始自己的设计，有的想设计垃圾清理机器人，有的想设计吹泡泡机器人，有的想设计变形金刚……通过资料收集，进一步确定自己的设计。我只需要做适当

的引导，孩子们就会自觉地进行自己想做的事情。这时，梦想的种子已经自觉地在孩子们的心中萌芽。

（三）给予学生机会，收获梦想果实

作为教师，我们应该通过实践活动给孩子们营造展示自己才华的舞台，为他们创造成就梦想的机会。小杰是一个聪明但有点懒散的男孩子，制作机器人已经成为他的兴趣，当年，我作为他的指导老师和他一起参加了全国性的机器人竞赛。在比赛中，他和小伙伴协作，取得了全国赛的亚军，这是一个来之不易的成绩。后来，我们之间亦师亦友，一眨眼九年过去了，临近高考的一天，他突然给我打电话，情绪激动地说家里出了些事，他不想参加高考了。对于这个突发情况，我冷静地问："你现在最重要的目标是什么?"他哭着告诉我，是考上大学，读软件工程，继续他的爱好。经过对问题的分析，他慢慢地冷静了下来，认识到自己现在首先应该干什么，才能对自己负责，对家人负责。高考过后的某一天，他高兴地告诉我，他考上了大学，也如愿学习软件工程专业。这一刻，我深深地感受到给予孩子机会，他们的梦想会逐步实现。

"有志有为，自觉自为"的校训一直指引着我奋然前行。从教十多年，我虽不算年轻，但经过多年的锤炼，我感悟到：师者除了给学生传授知识外，更重要的是，应该自觉地激发孩子的兴趣，在学生心中播下兴趣的种子，并给予学生机会，使种子发芽、长叶，最终收获梦想的果实。

（康有为纪念小学　梁建强）

五十三

送教杂感

2011 学年上学期，我校与萝岗区九龙一小进行“手拉手农村送教活动”。我体会到，农村学校教学条件没有城市的完善，对于农村学校的孩子来说，他们的起点低、水平差，学习起来十分吃力，教师教起来也费劲。为了提升兄弟学校的教学教研氛围，我对农村学校进行教法和学法的指导，与他们互相交流和分享教育教学经验。同时，我校为他们带来了三节送教课，分别是：何老师的语文课例，陈老师的数学课例和我的英语课例。

当学校领导安排我接受这个任务时，我既觉得愕然也觉得兴奋。愕然是因为另外两位送教的老师都是经验丰富的品牌教师，而我只是一名新手，我不知道怎样才能胜任这项光荣的任务。兴奋是因为学校对我的信任。既然学校把这项重任交给我，就是相信我有能力去完成。于是，我别的不再想，而只是思考着如何努力地去完成任务。我开始着手备课了，上什么内容好呢？如何去上好呢？如何教好这群孩子呢？诸如此类的问题，我不断地思索着。我想，我要拿出一节高效实用的研讨课，好让学生有所学，让教师有所得。

经过一番思考后，我选择了“问路”话题进行教学，融入 TPR 的活动形式和创新意识。当然，这对我来说也是一种新挑战，如在热身活动中要加入“兔子舞”，在教学设计中要实行新的教法，等等。在科组老师的协助下，英语科组长罗老师利用午休时间跟我开展集体备课。我信心十足，决定进行异班试教。

我想，“问路”话题贴近学生的生活，学生会有许多收获，而且我备完课之后，完全没有在自己班上试教，我选择了西校区的五年级（2）班，利用教研时间进行第一次试教，并顺利地完成了异班教学。科组的老师对我十分支持，试教过程中，学校行政领导、五年级（2）班的班主任等老师也一起抽时间来听课。刚开始上课时，我真的有点紧张，后来慢慢地顺起来了，而且基本能把自己设定的预期效果发挥出来。短短四十分钟的试教很快过去了，听课的老师还为我做了课后点评。其中，五年级（2）班的班主任黄老师从语文教学的角度给了我一个很好的建议：上英语课就应该像上语文课那样！比如语文的词语，需要学生知道词语的解释。对此，我受益匪浅。带着老师们的建议，我继续对课件进行完善。对于我本人来说，我真的想不到第一次试教就能收到如此良好的效果。

第二次试教选择北校区郑老师任教的五年级（7）班。有了第一次试教的经验，我觉得这次很踏实，没有丝毫紧张感。经过这次试教，我更加自信，也体会到只有踏踏实实地给学生上课，才能使学生学有所得。

经过了两次异班试教后我回到自己所任教班级，上同一节课迎接区教研室的调研。这次我加大了听力和笔头练习力度，学生们都做得相当好。所以我准备带到下次的试教。但我心中还有一个疑问：面对陌生的学生能否上好本节课呢？经过区教研员王老师的指导以及其他老师的鼓励，我决定努力去尝试。王老师的评课给我很大的启发，使我大胆进行创新和尝试。

我终于踏上了“康有为纪念小学和九龙一小手拉手”的农村送教活动的征程，我把多次试教的成果展示出来了。刚上课时学生挺紧张，经过我不断鼓励，很快地，这班纯朴的学生不知不觉地融入了课堂教学的活动当中，教学气氛相当好。本节课获得了九龙一小的领导和听课老师的好评，大家都说收获很多。这节课能够让学生学有所得，教师有所悟，我大为欣慰。

多年来，我自觉好学，教学业务水平不断提升。今后我将继续努力，开拓进取，践行“有志有为，自觉自为”的校训，仰望星空立社会志，脚踏实地做有为人！

（康有为纪念小学　冯惠玲）

五十四

走教育自觉之路，促有为教育发展

教育自觉是教师专业化发展的内在动力，它规定着教师专业化发展的基本趋势和发展方向，而教师专业化发展水平也反过来影响教师自觉的能力和程度。康有为纪念小学以“立社会志，做有为人”为“有为教育”的文化核心，对促进教师专业化发展有着重要意义。

作为有为教师，我们首先要树立“自觉自为”的教育理念，增强专业发展的主动性；其次，要具有专业发展中的主体意识，将提升专业知识和能力、更新教学理念作为教师主体的自觉行为；再次，要具有强烈的专业信念、专业情感和专业期待，把课堂教学和对学生的德育教育当作实现个体价值的需要。只有树立坚定的有为教育信念，才能促进有为教师的专业化发展，实现教育的终极目标。

教师的自觉学习是有为教师专业化发展的前提和基础，也是有为教师专业发展的基本形式和组成部分。教师专业化发展的出发点和终极目标是唤醒学生的自觉，促进学生全面自由的发展，教师多角度、多方面的学习，可以不断更新自身的专业内涵，使教学过程充满生命力和有效性，从而促进学生的自觉。

教师要做到管理自觉，学校需要以人为本、民主管理，要关注教师的基本需要，尊重和赏识教师，为教师创造良好的工作环境，让教师真正参与到整个学校的管理和建设中去，这不仅关系到教师的专业化发展道路，更关系到整个学校的团结和发展。

由于教学过程充斥着诸多不确定性、不稳定性和复杂性，教师不可能总是套用先前所学到的理论知识来解决当前教育中存在的问题。因此，要想在教育过程中有所进步就必须学会反思。

教师专业化发展道路应该从被动灌输到主动汲取，从借他人之言到创自我之言。从现实世界走到当下教育，又从教育世界中走出来，回到思想世界，以一个独立的思想者去思考、去探索、去创建。作为有为教师，我们必须寻求自己内心深处的激情，要带着一份使命感、责任感和荣誉感不断求索，彰显自己的人格魅力和尊严，活出自己的精彩，创建出属于自己的教学方式和教学风格。

任何一所学校都有自己的传统，康有为纪念小学以“立社会志，做有为人”为学校文化核心，培养健康有为的一代新人。我们作为有为教师要做的，不是固守传统，不是消极适应，也不是完全否定，而是在适应的同时不断创新和变革，敢于在问题和现实面前，凝聚变革的力量。只有拥有无限创造力，不断探求和自我创新的教师，才能紧跟时代的发展，满足学生和社会的需求，使自己的教学理念不断更新，教学形式不断变革，最终实现教师和学生的全面发展。

（康有为纪念小学　李毓嘉）

五十五

窦桂梅成长故事

教师成长固然有赖于好的环境，但更重要的取决于自己的心态和作为。我认为社会是课堂，实践是砺石，他人是吾师，自身是关键。只要务实肯干、积极进取、开拓创新，就会在现实生存的土壤中找到自己的生长点，并以自己的成长影响周围。从这个意义上说，谁来给教师良好的成长环境？是教师自己。我来自农村，那块沃土把执着追求和脚踏实地的精神植入我的生命——我坚信，要自强不息，要奋力拼搏。不管在哪个单位，从事哪门教学，只要埋下头来，任劳任怨，必能成为业务骨干，作出成绩，显示出存在的价值。1982 年，15 岁的我走出山村，走进吉林师范学校。四年后，我以优异的成绩毕业留校做文书工作。同学们羡慕，我却不情愿——既然学习了四年的师范，就该成为一名好教师。几经周折，我终于被改派到吉林市第一实验小学。由于分配太晚，我被安排到教务处做辅助工作。在这个岗位，我一干就将近 5 年，先后教过语文、音乐、数学、美术、自然常识、思想品德 6 门课程。每一次代课，我都全力以赴。代数学课时，我所带班级成绩名列前茅；代音乐课时，上过大型公开课。但我感觉自己还是喜欢语文，而且语文教学也能更好地丰富自己的底蕴。因此，几年里我不断地恳求领导，要求岗位更换——教我最喜欢的语文。1991 年，我终于如愿以偿。“打杂”的五年，使我开阔了眼界、积累了经验，综合素质得以全面提升。我也会不自觉地把音乐、美术、多媒体、信息技术等教学形式整合到语文教学中。

靠“韧”劲学习，小时候没有读过多少书的我，当上教师以后觉得腹中空空，于是把书籍作为自己成长的土壤。后来，上网阅读也成了我学习的一部分。无论工作有多忙，我都挤出时间学习。教育名著、文学经典等各类书籍占据了家里四面的墙壁。《南方周末》《人民教育》《书屋》等报纸杂志也成了我生活的伴侣。从 23 到 32 岁，是居家女人最为辛劳的时期，我利用这 9 年的时间，从函授的专科一直读到师大研究生课程班。记得报考中文函授本科的时候，我每天下午

5 点钟到师范学院进行补课学习，晚上 9 点钟到家后，再给孩子做第二天上幼儿园的饭，有时还要备课，或者给学生改作业。之后，我再复习成人高考的内容，直到半夜才睡觉。半年下来，我以第二名的优异成绩考上了中文函授本科。几年来，我记下了 20 多万字的读书笔记、500 多万字的文摘卡片。

靠“闯”劲实践，日积月累，书读得多了，听得也多了，我越来越感悟到：课堂教学真是一门艺术，有领导、专家指导的公开课更是提高教学水平的快车道。于是我找到校长要求上公开课。工作了 30 多年的李校长，从没有见过自己争取上公开课的教师。他告诉我，要先在年级组内练练，然后再说。于是年级组的教研活动，我都特别积极地参加。除了年级组内老师的帮助，我三天两头请领导、专家听课，每一次接受领导评课我都郑重地把本子打开念道：“上节课里您告诉我有以下几条缺点，您看这节课我改了多少。第一条……第二条……”我经常用录音机把自己的教学过程录下来回家细听，把发现的问题记在心里，争取在下节课改进。1992 年，我终于有了一次上公开课的机会——讲授《王二小》。一次次教学设计，一次次试教，推翻了，再重来……第二天就要上公开课了，下班后我一个人留下来做最后一次试讲。在我眼里，那一排排空空的座位就是我可爱的学生……由于太投入，竟忘了去托儿所接孩子，托儿所阿姨等不及了，把孩子送来，可是课还没讲完——于是我一手抱着孩子，一手拿着粉笔继续演练……由于巧妙的情境营造，生动的语言感染，真诚的师生交流，再加上《歌唱二小放牛郎》的感人歌声，打动了所有学生和听课教师。从此我一炮打响，便有了更多的机会在市级、省级公开课中得到历练。平常，我努力把每一节课都当公开课来要求自己。久而久之，课堂教学水平明显提高。1995 年和 1997 年，我先后两次代表吉林省参加全国小学语文教学大赛，均获一等奖。

靠“恒”劲不断地积累已经成为我的自觉行为。在琐碎繁杂的工作之余，我努力挤出时间写教学随笔、教育心得，哪怕是几十个字也赶紧记下来。另外，我在“教育在线”网站经常粘贴自己的豆腐块，以便和网友交流。几年来写下了 100 多万字的教育教学笔记。出版了《为生命奠基》《我们一起成长》《窦桂梅阅读教学实录》等个人专著。在清华附小两年中，我和教师们一起大胆实践，勇于尝试，每一次听课后都给教师评课，努力做到优点说透，缺点不漏，策略给够。到年底听了 500 多节课后，我给 76 位一线教师每人写了一封长信，结集为《教育的对话》——总结我和教师交流中的收获和思考，并发给他们作为我的工作总结。这种交流方法让教师有了一些感触和思考，我和他们在对话的过程中彼此了解，共同鼓励，一起成长。通过自己的实践，我认为教师的专业发展首要的是教师要有自我专业追求。正确的信念就是稳定的动力。教师的自我专业追求如果内化为信念，就不会被消解，从而形成坚毅、持久的信念。追求就在自身的土壤中，一旦拥有它，生命的种子就会迸发出无限潜能，生根、发芽、开花，最终结出丰硕的果实。

（摘选自窦桂梅：《我的成长》，海淀区新课程与教师发展系列活动“特级教师窦桂梅专业成长研讨会”上的发言，2004 年 3 月 27 日。）

五十六

以美德滋润童心

诗人说，童年是梦里的真。

小学老师，守护童年梦想与纯真的人。窦桂梅虽是一名语文教师，但她关注的重点不只是课堂教学的方法与技巧，她的眼睛里映着一个充满生命活力的大字：人。

窦桂梅总把自己的教育眼光放得很远，很远。她经常设想身边的这些孩子在青年、中年、老年时回首童年的种种情景。作为一名与童年相约的小学教师，自己有责任帮助孩子用文字与影像记录他们的成长足迹，记录那些永不重复的生命旅痕。

从三年级开始，每到期末，窦桂梅就开始为孩子们编撰一本“班级史册”——《萌芽》，那都是孩子们用心灵写下的成长故事。到了五六年级，她又把孩子们的作文编成《感悟文集》和《创造文集》。考虑到孩子们喜欢生动直观的东西，窦桂梅便将学生的“六一”联欢、入队仪式、野外春游等活动一一摄录下来，最后制成一张光碟，作为一份特别的毕业礼物送给每个孩子。

文章与活动都是可见的，师生之间的心灵相知怎么记录呢？窦桂梅想到了书信，她要把对每个孩子的理解与期待化成书信中的文字。毕业前夕，窦桂梅开始翻阅自己的工作笔记，回想孩子成长中的桩桩往事。针对不同的个性，像妈妈给外地工作的儿女写信一样，窦桂梅给每个孩子都写了一篇亲切的文字。可以想象，那些孩子收到信后会是怎样的惊奇与感动!

回信像雪片一样飞向窦桂梅，这真是深入心灵的一次作文。她们的这些书信后来由吉林人民出版社结为一集，名为《我们一起成长——一个教师与75个学生的心灵对话》。

读着这本心灵对话，你不得不惊叹于窦桂梅对教育的一往情深，她把教育当成了以火点燃火、以心发现心的生命过程。在信中，窦桂梅谈孩子在六年中闪光的思想与行为，特别的兴趣与爱好，鲜明的个性与才情。作文、写字、朗读、口才、画画、弹琴、劳动……孩子的每一“闪光点”，都映入了窦桂梅那双贮满童真的眼睛。

然而，不管是“班级史册”的编写还是与学生的书信往来，窦桂梅总是要挖掘孩子身上的种种美德。诸如勇敢、正直、奉献、同情、诚实、善良、节俭。她觉得，人类的美德是滋润童心的甘露，是点亮夜空的星辰。正如苏霍姆林斯基所说：“要使每个人从少年和青年时期就对人的高尚精神深怀赞美，产生敬爱之心。这实际上决定着对人、对人性美的信任。如果缺少这种信任，人的内心世界将是空虚的。”

为了让人类的美德点亮孩子人生旅程中的每一个黑夜，窦桂梅悄悄地把真善美的种子播进学生的心灵。

丰子恺先生曾把天上的神明与星星、地上的艺术与儿童当成他生命中的最爱。窦桂梅虽然不是诗人与艺术家，但她成天生活在充满童心的世界里，她一直在陪伴孩子走过童年。她说：“岁月可以改变我的容颜，童心却让我青春永驻。”

生命与童年相约，窦桂梅是幸福的。

（摘选自窦桂梅：《生命与童年相约——访小学语文特级教师窦桂梅》，载《湖南教育》，2001 年第 3 期。）

五十七

特级教师王崧舟访谈

（一）缘起

对王崧舟的采访从一首小诗开始，这首小诗就抄在他笔记本的扉页上：

无数连环缀成的一个精致的长链
近旁的与天边的紧紧相连
眼睛读出它将何往的谶语
玫瑰说出了天地间全部的语言
一只小虫奋力生成为人
越过了自然的所有峰巅

——爱默生

王崧舟说自己就是小诗中的那只小虫。

（二）觉着

王崧舟的笔记本上抄满了故事。这是第一个：

美国著名的 LEG 公司为商界精英提供一种“灵魂训练”的课程。课程时间仅为 3 天，收费却高达 3 000 美金。第一天的课程是这样安排的，给每个学员发一份问卷，要他们认真思考并真实回答以下五个问题：

1. 假如你已经走到了生命的尽头，准备对儿孙说出你一生中懂得的最重要的三件事情，它们是什么？

2. 在你的生命中，哪样事物能让你感到最大的快乐和满足？

3. 没有了工作，没有了钱，你是什么人？

4. 你愿意在生活中增加哪项活动，以获得更多的财富和快乐？

5. 你最崇拜的人是谁，为什么？

无独有偶，我在华东师范大学国家级骨干教师培训档案中读到了这样一份问卷：

为了了解您的教育思想、教学理念、教学经历等，请您务必准确、真实地填写下列项目：

一、对您为人处世影响最大的三句话是：

1. 非淡泊无以明志，非宁静无以致远。（诸葛亮《诫子书》）

2. 古今之成大事业、大学问者，无不经过三种之境界：昨夜西风凋碧树，独上高楼，望尽天涯路。此第一境也。衣带渐宽终不悔，为伊消得人憔悴。此第二境也。众里寻他千百度，蓦然回首，那人却在，灯火阑珊处。此第三境也。（王国维《人间词话》）

3. 心无挂碍。（《心经》）

二、在您的教学理念形成过程中，哪三部书对您的影响最深：

1. 孔子的《礼记·学记》。（一切教学论思想，迄今无出其右。）

2. 苏霍姆林斯基的《给教师的一百条建议》。（教学实践的真正宝典。）

3. 叶圣陶的《叶圣陶教育文集》。（不读此书，无以为语文教师。）

三、您平生最崇拜的三位教育家是：

1. 孔子。（至圣先师，万代师表。）

2. 苏霍姆林斯基。（爱的教育家。）

3. 叶圣陶。（中国现代语文教育的一代宗师。）

四、对您启发最大的三句教育名言是：

1. 故君子之教，喻也。道而弗牵，强而弗抑，开而弗达。（孔子）

2. 我生活中什么是最重要的呢？我可以不假思索地回答说："爱孩子。"（苏霍姆林斯基）

3. 教是为了达到不需要教。（叶圣陶）

五、请列出您的语文教学观中最基本的三点：

1. 为语言和精神的协同发展而教。

2. 让学生诗意地栖居在课堂上。

3. 语文是功利的，那是学生的立身公器；语文是科学的，那是学生的思维之剑；语文是审美的，那是学生的精神家园。

六、您心目中理想的语文教师是怎样的，请列出最重要的三条：

1. 丰厚的文化底蕴。(儒雅的)
2. 高超的教育智慧。(睿智的)
3. 远大的职业境界。(慈悲的)

七、您心目中理想的学生是怎样的，请列出最重要的三条：

1. 像阳光一样灿烂。
2. 像大海一样宽容。
3. 像空谷一样纯真。

八、您上过的最满意的三堂语文课是：

1. 《万里长城》。(让我在课堂上站起来。)
2. 《我的战友邱少云》。(让我在课堂上活起来。)
3. 《荷花》。(让我在课堂上美起来。)

九、您写过的最满意的三篇语文教学论文是：

1. 《“自读感悟、开放引导”教学模式的研究》。(追求风格的自觉。)
2. 《把发展语感的主动权还给学生》。(十年心血的结晶。)
3. 《阅读课评价标准新探》。(苦心孤诣的探索。)

这份问卷完成于2001年10月。

这份问卷是在毫无准备、毫无资料可供查阅的情况下当场完成的。

完成这份问卷的就是王崧舟。

王崧舟说，生命的意义在于“觉着”，语文开启了他生命的“觉着”，他愿意这样不断地“觉着”。

(摘选自王崧舟：《特级教师王崧舟访谈》，载《小学语文教师》，2011年第3期)

五十八

没有教不好的学生

2001年9月15日，中国教育学会、中国民进中央教育委员会、全国小学语言教学研究会、北京世纪和平文化教育交流中心等单位在北京实验二小召开了“霍懋征教育思想研讨会”，除各级领导外，还有全国各地的300多名语文专家、教师参加了研讨。

与会同志一致认为霍懋征60年来躬耕于小学教育园地，孜孜不倦、矢志不渝，为国家培养了大批优秀人才，为祖国的教育事业作出了卓越贡献。60年来始终热爱着基础教育，无论顺境逆境，无论国家、学校、家庭发生了什么变化，她都始终工作在教学第一线，始终生活在学生中间，痴心不改，无怨无悔。正如全国小语会会长崔峦所说的，她总是站在小学教育、教学改革的前沿，运用创新思维，前瞻性地思考教育教学问题，无论是青年时代、中年时代，还是到了耄耋之年。她总是教育、教学改革的鼓吹者、实践者，不断取得新经验，不断取得新成绩。霍老师在会上总结了60年的教育、教学思想。使她深感欣慰和自豪的是，60年来她所教的学生都已长大成才，没有一个掉队，她总结为一句至理名言：“没有教育不好的学生。”

（一）永远的“儿子”

有一天，退休在家的霍懋征接到一个电话，电话里传来激动的声音：“我可找到您了。您就是我的亲娘啊！”霍懋征一下愣住了，问：“您是不是打错电话了？”“没错，霍老师，您就是我的亲娘，没有您也不会有我的今天。”“那您贵姓？”“我姓何。”“你是何永山。”“是我，是我。”

何永山上学的时候，是学校里出了名的“淘气鬼”，而且已经留了两年级。上课的时候，随便说话喊叫是家常便饭，课下还经常欺负同学。就是班主任也拿他没有办法。

一次开校务会的时候，霍懋征听说学校准备把何永山送到工读学校去，就找校长说：“您把这个孩子交给我吧。”校长说：“这可不行，我可不能让这孩子影响你们的优秀班集体。”“请您相信我，看看我们班是否有力量来改变何永山。”在霍懋征的恳请下，校长终于同意她把何永山领走了。

因为两次留级，何永山比其他同学都大，而且身高体壮有力气。一天，霍懋征对他说：“永山，你当个组长吧。挑上三个同学，再加上老师，咱们五个人负责打扫班里的卫生区怎么样？”何永山一听先是一愣，然后大声说：“行！”从第二天早上开始，何永山每天总是第一个到校给大家准备好笤帚、簸箕，干得非常认真。有一天早上，他扛着一把长把笤帚兴冲冲地走到霍懋征跟前说：“老师，您用这把笤帚扫吧。”“为什么？”霍懋征有些不解。“霍老师，我发现您的腰有毛病，您用这把笤帚扫地就不用弯腰了。”一个被认为不可救药的孩子也会关心别人了。

一天，霍懋征看见何永山站在学校鼓号队旁边比划着敲大鼓，眼里流露出羡慕的神色。由于他不是少先队员，所以根本没有加入鼓号队的资格，只能眼巴巴地看着。霍懋征发现他的这一兴趣后，就去找大队辅导员，说：“你看何永山那么大的个子，打大鼓最合适了。而且通过少先队这个集体也能帮助他进步。”大队辅导员不敢肯定，只说：“那就试试看吧。”结果，何永山非常遵守鼓号队的纪律。那年“六一”儿童节活动，霍懋征特意给何永山买了白衬衫、蓝短裤。这一天，何永山第一次在全校同学面前受到了大队辅导员的表扬。

活动之后，何永山抱着白衬衫、蓝短裤送还给霍懋征。霍懋征亲切地说：“这衣服是老师送给你的，拿回家去吧。你今天很漂亮，只是脖子上少一样东西。”没等霍懋征说完，何永山仰起脸说：“我知道，我还没有红领巾呢！”何永山进步了，课上不随便说话了，课下也不胡闹了。上课的老师都说：“何永山像变了一个人。”不久，他真的加入了少年先锋队。

（二）60 年没丢下一个学生

霍懋征接手了一个班。有一次上作文课的时候，她看见一个女孩子竟然用手捂着耳朵。女孩子看到霍懋征的目光时，赶紧把手放了下来，但是依然心不在焉。霍懋征向前任语文老师了解情况，那位老师说：“没错，不知道这个学生怎么就怕写作文。讲评作文的时候，她听都不愿意听。”这是怎么回事？霍懋征心里琢磨着。

几次作文作业收上来后，霍懋征每次看到这个女孩子的作文时，就不禁皱起了眉头，文章确实写得很不好。有一次，批改作文的时候，霍懋征发现女孩子作文中有几句比平常写得有进步，马上在她作文本上把这几句勾出来，并批上：

“这几句非常好，表达了当时的想法。”霍懋征希望让女孩子知道，老师随时关注着她的进步。第二天上课的时候，霍懋征特地拿出那个女孩子的作文，用饱含深情的声调朗读了那几句话，并向全班同学进行讲解。

渐渐地，这个女孩子的作文写得越来越好，也有了得5分的作文，而且作文还经常被贴到教室里的“作文园地”上。一个学期之后，霍懋征推荐这个女孩子当了“作文园地”的编委。后来，这个女孩子成为一家出版社的编辑。

霍懋征告诉记者：“每个孩子都有上进心，都愿意学好。因此，关键在老师如何引导。千万不要觉得哪个孩子笨，即使100遍还不会，不是还有101遍吗?”在霍懋征60多年的教学历程中，她从来没丢下过任何一个学生。

（摘选自梁星乔：《没有教不好的学生（一代名师霍懋征爱的教育艺术）》，中国大百科全书出版社2003年版。）

五十九

在路上

——特级教师夏青峰的成长故事

夏青峰说，他喜欢在路上的感觉。

27 岁那年，他代表江苏省参加全国第三届小学数学优化课堂教学观摩交流会，以无可争议的最高分赢得了一等奖第一名。当掌声和鲜花向他涌来时，他非常平静地说："我知道，我其实还在起点上，我刚刚开始行走在教育的路上……"

（一）想要飞，却怎么也飞不高

"我是一只小小鸟，想要飞，却怎么也飞不高……"刚踏上工作岗位时，夏青峰最喜欢听的就是赵传的这首歌，也许这就是当时他内心真实的写照吧。

老实说，夏青峰走上教育这条路，非内心的渴望，而是命运的安排。初中毕业那年，他被当地最有名的省重点中学以高分录取，但考虑到经济问题，县教育局的好心人把他换到了家乡的师范学校。1989 年，师范毕业的他回到了自己曾读过书的农村小学，开始了一个乡村教师的工作生涯。第一次教师会议的情景至今依然清晰：杂草丛生的校园里，校长坐在一个大石块上，他们七八个教师坐在几个小石块上，因为地上积着水，所以大家都打着赤脚，裤脚卷得老高。校长要求大家下午每人带好扁担、绳子，到几里路以外的河滩边把学生的课本挑回来……因为吃水不方便，所以那时的他，白天教学傍晚就在校园里挖井，挖了几米深的一个大坑后，就劈柴、提水、做饭。晚上，学校只剩下他一个人，头顶除了归巢的几声鸟叫，静得叫人心里发慌。他和衣躺在小房间里，看着清冷的月光从纸糊的窗缝冷冷地落在床前，胸中就会升起一股难以排遣的孤独。他不断地问自己："这难道是我一辈子生活与工作的环境吗?"多少个夜晚，他站在山坡上对着旷野抒发人生几何的感慨。

"不行，我不能因为环境的不如意而沉沦"，骨子里那股不服输的劲头又从夏青峰的心底涌起，"我不能在这个平凡而又狭小的天地里磨平自己的棱角，我不能在搬砖挖井的体力消耗中泯灭我的智慧！我要走出去，我要考教育学研究生！”就这样，他为自己树立了新的学习目标：白天，忙完工作就拿起书本；夜晚，在昏黄的灯光下阅读到深夜。《教育学》《心理学》《外国教育史》……一本接一本读，一篇接一篇背，床边案头上总是整齐地摆放着厚厚的书本，多少个晨昏他就是和它们一起度过的，在书中他寻找到了一方快乐的天地。

各种各样的书读多了，考研的志向却渐渐淡出了夏青峰的心海：“我感觉到自己的心正变得宁静起来，眼前的旧房枯树在阳光下也变得明亮起来，就连孩子们那冻得红红的小脸，那因贪玩留在脸上的泥道道也变得美丽起来。我开始喜欢这份工作。”白天，他和孩子们生活在一起，为他们背诗歌，教他们练气功；夜晚，很多住得近的孩子来到他的身边，他们坐在校外的一个山坡上，一起讲故事、唱歌、做游戏。柔和的月光、疏密的树影、一个小伙子与十多个孩子，这是定格在夏青峰脑海中优美的教育画卷。虽然在同事的眼中，他是一个“小”老师，但同学们却很喜欢他的课。没有刻意追求过方法的新颖，也没有刻意探讨过教育的规律，蜷缩在穷乡僻壤的他更没有看到过教学的最新动态，想象中的学生怎么学能轻松、能快乐、能学会，他就怎么教！因此，很多方法都来自于自己的灵感或者是自己突发奇想。因为尽力追求课课不同的教法，所以，孩子们对他的课总是心存期待。那时候，让学生喜欢他、喜欢上他的课是他最高的追求。

虽然已经定下心来教书，但那颗想飞的心，却从未放弃过对蓝天的渴盼。

（二）你会成为一个优秀的教师

在农村小学教书，工资低得可怜。为了不像父亲那样教书一辈子仍固守着清寒，夏青峰经常利用假期外出打工：1991 年暑假他来到举目无亲的广州，做过饭店里的服务生、工厂里的电焊工，甚至露宿过街头。1992 年暑假，跟随民工在苏州帮别人拆房子。炎炎烈日下，赤着上身，站在墙头上挥舞着大锤。避开繁华的街道，满身污垢的他低着头拉着板车在小道上吃力地跑着。一次在房顶上拆横梁，稍微一用力，脚下的椽子断了，整个人迅速地向下沉，幸亏抓住了旁边的一块木头，才没有发生大的意外。

虽然做的是打工仔，虽然生活多磨难，但他骨子里却忘不了自己是一名教师。每到一处，在劳动之余，同伴们都在谈笑戏耍、游山玩水，他却喜欢看看附近的学校，一次次徘徊在那美丽的校园外，一次次羡慕地盯着那偶尔进出的老师。1993 年暑假，夏青峰又来到苏南打工，本想到闻名遐迩的华西村看看，但却在一个炎热的午后走进了华士中心小学。在校门口，他凝神驻足，引颈望向那个整洁的校园。

“你找谁？”一个老师走过来问他。

“找你们校长”，夏青峰脱口而出。说这句话的时候，他自己也吓了一跳，他有什么资格找校长呢？既然说了，也就忐忑不安顺着那位教师的指点来到校长室，见到了改变他人生命运的吴辰校长——一位慈祥、平和、睿智的校长。

“你找我有什么事？”

“我是教师，我羡慕你们有这么好的学校。”

“想到这里来当教师？”

“想啊，不知你们这里缺不缺教师？”

“教师不缺，但缺好教师。”

“我……”他泄气了。

一个偏远农村小学的老师，一个正在打工的老师，哪有什么优秀可言？

“我看得出，你会成为一名优秀的教师，欢迎你到我们学校来工作！”

“让我来这里工作？”这实在是夏青峰想不到的！更叫他意想不到的是——九月，当夏青峰带了简朴的行李来华士中心小学报到时，吴辰校长早在校门口迎候他了。在热情的接待之后，吴辰校长请夏青峰到她家共进晚餐，嘘寒问暖；让后勤为他打扫宿舍，安排床铺……

他永远忘不了那一节课。那是刚到华士中心小学后不久，夏青峰费了很大的气力向学生解释一个概念，可学生就是不懂。无奈，第二节课请来了教导主任帮忙，没想到他只是简单的几句话，学生们就一下子明白了，一个孩子还兴奋得连声说：“好懂！好懂！真简单！”看着学生那茅塞顿开的样子，夏青峰的心受到了深深的触动。“你会成为一名优秀的教师！”吴辰校长的话又响在耳边。从小不服输的他暗暗告诉自己：“只要你努力，你也能把数学课上得简单快乐！”于是，很长一段时间内，夏青峰成了学校最谦虚的“学生”，反复听老教师上课，一遍遍修改自己的教学设计，全身心扑到了数学教学的研究实践中。身在一线，他真切地体会到教学基本功的重要。为了练好粉笔字，他随身带块小黑板，几乎一有空就写了擦，擦了又写；为了练好普通话，他干脆拜江阴电视台播音员为师；为了备好一堂课，他苦苦思考，反复修改、完善，直到满意为止；为了上好第二天的课，夜深人静时，他还在对着墙壁一遍又一遍“试教”；为了拥有扎实的理论功底，建构属于自己的数学教学思想，夏青峰走进了学校图书馆，苏格拉底、卢梭、洛克、苏霍姆林斯基、陶行知等专家学者的鸿篇巨制开始走进他的视野。那是一段更为艰辛的阅读，因为读理论无疑要有啃书的勇气和耐力，一次次烦躁地放下，又一次次珍爱地拿起，一遍遍地对自己说读下去，再读下去。

行走在教育理想的路上，心，终于安定下来了。

（三）下届的全国第一就是你了

1994 年，夏青峰作为列席代表参加了江苏教育杂志社举办的“教海探航”征文颁奖活动。活动之后，《江苏教育》刊登了一组获奖代表的照片，不知什么缘故，并没有获奖的他竟也被拍了进去。他暗暗下决心，下回“教海探航”的领奖台上，一定有我夏青峰！这种愿望成了激励、成了动力。回到学校后，夏青峰对自己的课堂教学进行了深入的反思，并大胆地进行了很多改革尝试。一年后，他写出了《让每个学生都能成功地学习》这篇文章。突出了教师责任不在于教，不在于让学生获得多少知识，而在于激励学生产生学习冲动，在冲动中自我激励，从而自觉地寻找学习方法，体会成功的快乐。现在看来，这些观点大家都能接受，可在 19 年前，这些观点实属新鲜。在几千篇征文中，这篇文章脱颖而出，名列数学学科一等奖第一名。初露锋芒令夏青峰信心倍增，他跃跃欲试，渴望在更广阔的领域里一显身手。

1995 年，全国第二届小学数学教学观摩会在海口召开，各省小学数学精英教师荟萃，优课云集，吴辰校长安排夏青峰去听课。像一只小船鼓满了风帆，在海口的他成了最好问、最“烦人”的“学生”。一同前往的教研室匡老师打趣说：“夏青峰，下届的全国第一就是你了！”一句不经意的戏言，却被天真的他当成了努力的目标。于是，他把自己的每一节课都当作公开教学来准备，努力让学生在每一节课都能达到享受数学的境界，让自己的教学艺术一天天一点点提升，超越自己，超越别人，他暗暗地跟自己较着劲。“要上，就要上得最好！”在这个目标的引领下，1996 年，夏青峰参加了全国优质课比赛江苏赛区的角逐，从学校的比赛，到江阴市、无锡市的比赛，再到江苏省的比赛，他一路过关斩将，历时一年多终于以四个第一的不败纪录代表江苏挤进了参加全国优质课比赛的队伍。

那真是一段难忘的岁月！一次次备课，一遍遍试讲，一次次修改，他仿佛是一只蚕在经历着人生的蜕变，痛苦并快乐着是他真实的心境写照！多少个夜晚，他独自面对空旷的教室认真讲解、反复揣摩；多少次在路上，他骑车冥思苦想却不得其解时差点被人撞倒；他的脑海中塞满了教学的内容，几乎所有圆形的东西都能让他联想到他的课——圆的周长。匡老师说对了，1997 年，在广西南宁市体育场，夏青峰代表江苏省参加全国第三届小学数学优化课堂教学观摩交流会，以无可争议的最高分赢得了一等奖的第一名。周玉仁教授这样评价他的课：“江苏省江阴市夏青峰老师执教的‘圆的周长’，是大家一致公认的一节具有特色的好课，师生之间配合默契，知情交融；同学之间合作交流，切磋提高。这是一节教师的主导与学生的主体作用密切配合的好课，也是一节发挥多种教学手段和方法的整体功能的好课，真正地达到了教学过程的优化。真是春风化雨，回味无穷。”

“不应尽力而为，而是全力以赴”，夏青峰逐渐悟出了一点成功的道理。远离获奖后的喧嚣和浮华，他让自己在最短的时间内静下心来。有人说思索是一道大门，通向世界上没有的东西，通到现在人类想不到的地方。的确，正是在思索中，他开始建构自己的教学思想：数学是什么？什么是有价值的数学？数学老师首先应该关注的是数学还是孩子的心灵？如何建构人性的数学课堂？在不断思索和实践中，他写出了近百篇的教学论文，发表在《小学数学教育》《小学数学教师》和《江苏教育》等国家、省级教育杂志上，他还应邀到广东、上海、北京等省市上课、讲学近百场次。2004 年暑假，作为“义务支教团”成员，他还深入西部地区进行了十多天的义务讲学活动，《人民日报》以“投进西部的阳光”为题作了专题报道。夏青峰结识了很多名师以及一线的老师朋友，在与他们的交流和对话中，他督促自己应该更加全身心增强教育的责任感，更加全身心投入到教育的改革实践中。“小夏，你今天的脸色怎么这样不好？”“夏老师，你昨晚又没睡觉？”老师们经常这样询问他。每晚不到 12 点，他是绝对不上床睡觉的，而且经常是通宵达旦。但他深知，这绝不是什么可以拿来吹嘘的资本，比他的投入超出好几倍的小学老师大有人在。只是，幸运之神对他特别的关照。

（四）走进帕夫雷什中学

更为幸运的是，应乌克兰教育科学院的邀请，夏青峰两次走进了帕夫雷什中学。这是苏霍姆林斯基毕生工作的地方，被称为“蓝天下最美丽的学校”。站在大师的办公室里，在和大师的儿女、学生和家长的交谈中，他的灵魂一次又一次地受到触动。什么才是真正的教育？什么才是教育者应有的情怀？只有把整个心灵都献给孩子，只有在灵魂深处无限地热爱孩子，我们的教育才会达到它应有的境界。

回国后，他陆续主持创办了两所国际学校（华士国际学校和英桥国际学校），从幼儿园到高中，十五年一以贯之，致力于培养“优秀的世界公民和永远的中国人”，同时他又组建了华士实验教育集团，涵盖学前教育、基础教育、职业培训、成人教育和国际交流等各个领域。作为教育集团的负责人，面对近万名师生，他深感自己肩上的压力与责任。不能仅仅关注数学的教改，更要关注整个学校课程体系的探索；不能仅仅关注小学教育，更要走进初中和高中，从整体上思考学校的统筹规划；不能仅仅关注自己业务水平的提高，更要带着老师们一起发展，大家同心、同行、同乐，结伴成长……孩子们虽然身处乡村，但一定要让他们胸怀世界。为了培养自己的世界意识，他积极与加拿大、新加坡、日本等国的著名院校联系，与他们进行联合办学。为了让老师们更深入地了解和实践苏霍姆林斯基的教育思想，他在学校举办了“苏霍姆林斯基教育思想的国际研讨会”，苏霍姆林斯基的女儿、学生和帕夫雷什中学的校长以及国内的著名学者云集他学校，和老师们进行面对面的对话与交流……

如今，他又要面对转制后的英桥国际学校——一所全新的国际学校，一所寄予了师生、家长、社会和领导厚望的学校。他还要继续十几年来在教育路上所锤炼出的教育禀性，“每天比规定的多做一点点，每天比规定的做好一点点，每天比规定的做早一点点，每天比规定的做巧一点点”，“永远以积极与热忱的心态来对待生活，永远以欣赏与感恩的心态来对待他人，永远以全力以赴的心态来对待工作”，坚持这“四个一点点”和“三个永远”。为了蓝天下那最美丽的学校，为了心灵中这最温馨的家园，他如一名行者，跋山涉水，行走在教育的路上……

（摘选自夏青峰：《在路上——特级教师夏青峰的成长故事》，载《江苏教育》，2007 年第 12 期。）

六十

我的成长之路

——特级教师白金声自述

我是一介书生，斗转星移，在教书育人这条路上已经走过了35个春秋。教育界的众多同仁称我为“东北一儒”，盛名之下，其实难副。我自知浅薄，其实我就是一个地地道道的小学教师。如果说我有多大的成绩，有多高的知名度，那是一种坐井观天的自诩。我觉得，我的成长在很大程度上得益于买书、读书、教书、写书，这一辈子我与书结下了不解之缘。书，成了我生命中不可分离的伴侣；书，使我走上了专家型教师的道路。

(一)

1992年，我获“双城市重大贡献奖”，政府奖励我一套商品住宅楼。我欣喜若狂，后半辈子总算安居了。搬家的头一天，我买了30条塑料编织袋，将家中的藏书装好，先运到楼里。这一万多册图书，几乎每一本都能引起我的无限遐思。

20世纪70年代初，我在一所乡村小学教书。命运让我认识了徐淑杰，她也是小学教师。我们从相识到相知，从相知到相爱。记得结婚前夕，我和她到哈尔滨添置衣物，在“哈一百”门口我把仅有的一百元分成两部分，她一半我一半，她到楼上买衣服，我去书店购图书。中午12点，约定的时间到了，我抱着两摞书兴冲冲地奔回来，却看见徐淑杰两手空空站在那里。原来，我们刚一分手，她就把钱弄丢了。就这样，徐淑杰一直坐在台阶上等着我。我笑了，笑得有几分苦涩，有几分内疚。她也笑了，眼角分明闪着泪花。车尔尼雪夫斯基说：“爱一个人意味着什么呢？这意味着为他们幸福而高兴，为使他们能够更幸福而要去做的一切，并从这当中得到快乐。”我和徐淑杰就是这样对待爱情的。

我们的独生女儿白丁，8年前在初中二年级读书。哪个女孩子不爱美？丁儿看见同学们有的穿上了连体的牛仔装，有的穿上了漂亮的运动服，很是羡慕。恰巧，白丁快过生日的时候，我要到上海出差。临行时，丁儿央求我给她买件新衣服作为生日礼物，我满口答应。10天后，盼星星盼月亮，我终于从上海回来了。女儿高兴地接过鼓鼓囊囊的大旅行袋子，打开一看，里面大大小小的全是书。孩子嗔怒了，问道："衣服呢?"我先是一愣，后来才恍然大悟，我真把孩子过生日的事给忘了，在女儿的眼里，我的确是个不称职的爸爸。

1979年，我调到双城市教学研究室任小学语文教研员。这项工作重在研究，3年没有科研成果，就要自动下岗。常言道："七分资料，三分研究"，这话虽然有点过分地强调客观条件，但也证明占有资料对研究工作的意义。为了大量积累资料，我外出开会抽时间跑书店，外出讲学抢时间逛书店，外出办事挤时间找书店。这半辈子衣、食、住、行，我舍不得花钱，我出差常常是乘火车坐硬座，坐轮船买散席，住旅店睡加床。但是不管走到哪里，只要见到用得着的书，不管多少钱，我非把它买到手不可。

一次，我去昆明讲学，在哈尔滨上火车的时候想买点水果，一打听，非常贵。正当我犹豫不决之际，一位小摊主看出了我的心思，指着一纸箱子烂梨说："师傅，您给5毛钱，全拿去。"俗话说："烂梨不烂味。"我付了5毛钱，捧着这箱烂梨找了一个没有人的地方用小刀做了精心"处理"：把剩下2/3的放在一起；把剩下1/2的放在一起；把剩下1/3的放在一起。在车上，开始我偷偷摸摸地吃，因为不好意思。后来我大大方方地吃，因为这是我花钱买的，怕啥。最后我是狼吞虎咽地吃，因为不吃全烂了。就这样，从哈尔滨到昆明，"八千里路云和月"，我花了5毛钱，吃了一路水果。回来时，我在北京图书大厦选购了500多元的教学用书。这500多元的书，我既没有邮寄，也没有托运，而是硬扛回哈尔滨。

（二）

买书是为了读书。买书我成癖，读书我则如饥似渴。"文革"肇始那年，我读高二，至今没进过大学门，没有可资炫耀的学历，还是个"土八路"。我认为，文凭只是学历的一种证明，最终取胜的还得靠实力。学习能力决定着人的生存与发展水平。为此，我把业余时间几乎都用在读书上。说到读书，我体会有三：

1. 运筹时间

时间是一个无头无尾的系列，昨天已经逝去，明天还没到来，可以抓得住的就是今天。我常这样想，补昨天之非，创明日之是，必须通过今天的努力；要想今天胜过昨天，明天又胜过今天，也只有努力于今天。因此，我给自己规定读书时间定额：每天一小时。在正常情况下，每天保证一小时学习，这是可以办得到的，在非正常情况下，我也尽量完成读书的时间定额。一次，我去四川丰都开会，在成都换车时，有点空闲时间，本应当到诸葛亮的武侯祠参观游览一番，好好感受一下“丞相祠堂何处寻，锦官城外柏森森”的幽雅环境，赏梅凭吊这位“三顾频烦天下计，两朝开济老臣心”的孔明先哲。可是，我的脚步却迈向了四川图书馆，在那里坐了一下午，查了3个多小时的文献资料。有失有得，在成都我失去了一次了解祖国文化遗产的机会，而得到的却是对西部现代语文教育的切身感受。

2. 独立思考

爱因斯坦说：“学习知识要善于思考，思考，再思考，我就是靠这个学习方法成为科学家的。”可见思考在学习中多么重要。我习惯于走路思考，30多年来，安步当车，习以为常。我觉得走路是一种有效的休息方式，也是一种最佳的学习方法。走路可以思考，走路可以背诵，走路可以备课，我十分注重发挥走路的多功能作用。实践证明，许多东西都是我在走路时琢磨出来的。在我初为人师时，给外校老师辅导杜甫的《春望》。其中有这么两句：“白头搔更短，浑欲不胜簪。”当时的教学参考解释是：由于诗人总是忧烦，不免老搔头，头上的白发越搔越短，简直连簪子也别不住了。在去学校的路上我反复思考这两句诗。头发怎么会越搔越短呢。即便是老杜满头银发，也不能越搔越短。想着想着，突然“短斤少两”这个词语出现在我的脑际。“短”和“少”并用，这里的“短”不就是“少”的意思吗？“白头搔更短，浑欲不胜簪”这两句诗正确的解释应当是：满头白发越来越少了，简直连簪子也别不住了。给老师辅导时，我说出自己的见解，他们一致认为这样理解是有道理的。回家之后，我翻阅了《古汉语实词例释》一书，果然有这样解释：短，少也。

3. 勤于动笔

“不动笔墨不看书”是我读书的又一特点。每读一本书，我都做些笔记或卡片，我觉得这样做好处很多。首先，做读书笔记就不能书看完了就算了，而且要好好想一想，书中有哪些东西是值得记的，应该记的。这样一想，就无异于锻炼了判断、概括等方面的能力。其次，要写读书笔记，就不能只看一遍了事，而且要看两遍、三遍，这样就加深了对书本内容的理解，也加深了印象，不容易忘记。最后，更重要的，也可以说是做读书笔记的目的，那就是今后再思考同类问题的时候，可以拿出来翻阅、对照、查核、归纳、总结，加深对某一问题的看法，甚至形成一种观点和见解。到目前为止，我已做读书笔记100多本、读书卡片1 000多张，二者合起来有近500万字。

(三)

买书是为了读书，读书的目的在于更好地教书。我虽然身为教研员，但我觉得我的生命在课堂，教书是我生命交响曲的主旋律。我执教之初是一所乡村小学的民办教师，1988 年获特级教师称号，1993 年被评为全国优秀教师，1998 年被哈尔滨市人大常委会授予一级功勋教师金质奖章。这些荣誉的取得都和我认真教书是分不开的。回顾自己 30 多年的教学生涯，我感受最深的是：

1. 偏爱后进学生

我认为，后进学生不是生理有缺陷、心理不健全和智力不充足的学生，而是那些具备了接受知识的生理条件与智能的学业成绩不良的学生。后进学生无论从理论上还是从实践上看，都是可以教好的。因而，我对后进学生从不斥责、讥讽、鄙视，而是将自己的爱心主动地施于他们。因为爱是沟通师生心灵渠道的媒介，爱是密切师生关系的桥梁，爱是排除师生心理障碍的动力。

我爱后进学生，力求真诚、持久、严格。

排座位时，我偏爱后进学生。让他们都坐在前边，和教师空间位置近一些，尽量形成一个“亲密区”，便于语言直接交流，便于提高，便于辅导。

备课时，我偏爱后进学生。充分考虑他们的思想状况、知识基础、生活经验、接受能力、学习态度和兴趣爱好等，从而有的放矢地研究教材，设计教案。

上课时，我偏爱后进学生。常常把每节课最后的五分钟留给他们，课间巡视，查缺补漏，进行面对面、手把手的辅导，及时反馈信息，调整我的教学方案。

课外活动时，我偏爱后进学生。课外阅读、课外写作、课外听说、各种竞赛、各种活动我都让后进学生参加，在社会这个大课堂中陶冶他们的心灵，促进智力因素与非智力因素和谐发展。

亲其师，信其道。后进学生在学习上得到爱抚和关怀，不管是厌学型、懒惰型，还是自卑型、逆反型的，都会在温暖与兴奋中使其凝滞的情感融化，对学习逐渐产生兴趣，从而赶上或超过尖子学生，使“丑小鸭”变成“金凤凰”。

2. 崇尚微笑教学

在教学活动中，有人上课善“导”，巧于设疑；有人上课善“点”，发幽探微；有人上课善“评”，议论风生。这就是教学风格。没有风格独特的教学，犹如清风一阵，拂面而来，轻盈而去，引不起波澜，壮不了万物。如果有人问我有什么教学特点，我可以直言不讳地讲，我崇尚“微笑教学”。我上课爱笑，我觉得课无情不感人，无笑不诱人。鲜花，是春天的微笑星星，是月亮的微笑；浪花，是大海的微笑；焰火，是节日的微笑。我认为，教师的微笑有着神奇的感染力，它能缩短师生之间的距离，密切师生之间的情感。教师的微笑也具有强烈的感召力，它能激发学生的学习兴趣，开启学生心灵的窗扉。对学生多一分微笑，教学情感的氛围就多一分浓度。当然，微笑的背后需要有教师宽容的品格，善良的心地，宽广的胸怀，豁达的气度，开朗的性格，丰富的知识，诙谐的谈吐以及端正的教学思想做支柱。

我笑，学生也笑，让课堂充满笑声，我把此奉为圭臬。有一次，我领着学生猜字谜，课堂上高潮迭起。我说："刚才是老师出谜大家猜，现在请同学们出谜老师猜，看谁能把老师难住。"我说完，群情鼎沸。一个学生走到讲台上，带着动作说："切九块。打一字。"费解，我想了半天，没有结论。我要求提示。他神秘地说："切九块需要几刀？"我说："八刀。""八刀是哪个字？"这个学生笑着对我说。在他的启发诱导下，我终于想出了答案，原来是"分"。

这时，又有一个学生站起来笑着说："3 ÷ 2 = 1。打一字。"多有趣的一个字谜，竟是一道数学题。正当我动脑筋思考的时候，旁边一个学生关心地小声说："白老师，您猜不着不妨列列竖式子。"她的话启发了我，原来 3 ÷ 2 = 1 是"疗"字。我非常感谢这位小同学，问她叫啥名，她声音洪亮地回答道："我叫陈小彬。"我说："为了感谢你，白老师单独给你个人出个谜：去掉左边是树，去掉右边是树，去掉中间是树，去掉两边也是树。打一字。"没等我说完，她便开口说："是'陈小彬'的'彬'。"我为她鼓掌叫好。陈小彬接着说："鼓掌也是一个字谜，老师，您猜猜看。"这叫"投我以木瓜，报之以琼琚"，我不能不猜，而且得猜对。鼓掌要用手，光一只手不行，得两只手，两只手不合在一起还不行。这时，我很有信心地说："拿。"同学们不约而同地笑了，笑得那样痛快、开心。

3. 信奉大语文观

我教语文，特别欣赏"语文学习的外延与生活的外延相等"这句话，我认为，语文和生活同在，凡有人交往的地方都有语文，都有语文实践和语文学习。社会生活是语文的源泉，也是语文能力形成的土壤。因此，语文教学要贴近生活，注意课程资源的开发和利用。倘若老是把思想封闭在四壁合围的教室里，或把眼睛死盯在篇幅有限的课本上，恐怕很难求得语文教学效率的提高。为此，我让学生把整个社会当成语文学习的大课堂，引导他们在生活中探求知识、历练能力、陶冶情操、修养品质、发展个性，使其幸福地享受语文。

去年 4 月末，我带领学生搞了一次语文活动——春游诵春诗。

郊外刚下过一阵春雨，空气格外清新，同学们跑啊，跳啊，快活极了。不知是谁大声朗诵道："胜日寻芳泗水滨，无边光景一时新。"同学们报以热烈的掌声。一个女生凝眸远望，沉思片刻，旋即低声吟诵："天街小雨润如酥，草色遥看近却无。"可不是嘛，远远地望去大片土地微露绿色，可是走近一看，枯黄的草茎还不少，似乎找不到什么绿色的草。接下来是一个男生高亢的声音："离离原上草，一岁一枯荣。野火烧不尽，春风吹又生。"每年野草都有一次枯萎，也有一次繁茂，岁月常新，野草常在，这就是大自然的客观规律。同学们顺着羊肠小道徜徉，来到一棵刚刚抽芽的柳树边，我问道："贺知章的《咏柳》诗你们还记得吗?"学生们异口同声地背诵："碧玉妆成一树高，万条垂下绿丝绦。不知细叶谁裁出，二月春风似剪刀。"春风像一把看不见的神奇的剪刀，剪出这满树碧玉般的嫩叶，是春风使万木嫩绿多姿，生机勃勃，是春风把大地打扮得如此美丽动人。同学们又来到一条小溪边，看见一群白鹅在水中嬉戏，便脱口而出："鹅，鹅，鹅，曲项向天歌。白毛浮绿水，红掌拨清波。"学生游兴颇浓，到处寻找诗意。他们发现农家小院一株杏树正含苞待放，橘红色的蓓蕾缀满枝头，齐声朗诵："春色满园关不住，一枝红杏出墙来。"归途，小鸟在梢头唧唧喳喳叫个不停，鸟叫声又唤起了学生的记忆："绿阴不减来时路，添得黄鹂四五声。"到了学校我也用诗的语言做了巧妙的总结，我说："春天在哪里?春在枝头，春在空中，春在小河，春在田野，'等闲识得东风面，万紫千红总是春'。"同学们都沉浸在美好的回忆之中。

(四)

我 1971 年初驾杏坛，虽非满腹经纶、学富五车，但也总算是个读书人。所以，多年来我一直以买书、读书、教书自娱，在这期间又与笔墨结缘。因为读书必有心得，教书必有体会，在读书教书的过程中，我又搞起了教育科研。我有十几个社会兼职，主攻一个研究，主持四个实验。一个研究是"学校、社会、家庭语文教育艺术研究"。四个实验是：小学语文学法指导实验，小学语文自学辅导实验，小学语文愉快教学实验，"一轴两轮"大语文教育模式实验。经过多年探索，已有三个科研项目通过专家鉴定并全面推广。其中"小学语文学法指导实验"获原国家教委"八五"重点课题优秀科研成果二等奖，"小学语文愉快教学实验"获黑龙江省教育厅"九五"重点课题特等奖。此外，在省以上学术会议交流论文 73 篇，获优秀科研成果奖 41 项。迄今为止，在全国各地报纸杂志上发表研究、探索性文章 500 余篇，公开出版著述 36 本（专著 10 本），其中《实用语文教学法》和《实用语文学习法》为姊妹篇，曾参加全国学习科学学会 15 年成果展，在各地影响广泛。《小学语文教学心理学》成为黑龙江省教师中级职务培训教材，颇受学员欢迎。《作文知识与小学作文教学》被国家教育部列为全国中小学教师继续教育参考用书，并多次再版。《语文德育渗透艺术》填补了我国语文教学论的一项空白，大家称这是一本上乘的出版物。即将付梓的《小学古诗教学理论与实践》是我长期研究中国传统语文教学和中华文化的一本书。另外，《小学语文课堂教学艺术》和《家庭语文教育艺术》被中国林业出版社确定为“十五”重点书目。20 年时间，我围绕地球转了两圈半，在全国 28 个省、市、自治区讲学 90 余场，做学术报告、上公开课近百次，直接听众有 20 万人次。

有人问我：“白老师，您又上课，又搞研究，又经常外出，还写了那么多的书和文章，哪来的时间?”我说，我搞研究和写东西都是有感而立，有积而发，有思而作。至于时间，还是鲁迅先生说得有道理，时间就像海绵里的水，只要愿意挤，总还是有的。一天 24 小时，除了 8 小时正常睡眠之外，其余时间我几乎都在工作。孔子做学问，常常到了“废寝忘食”的程度，我不敢和孔老夫子相比，只是学习。有时我伏案备课，仰面沉思，埋头爬格子忘了吃饭，直至爱人和孩子千呼万唤，才从沉思中走出来。有时激情提起我的精气神，使我心血来潮，灵感突发，不能自已，常常夜半时分披衣而起，凌晨 3 点振笔疾书。我的许多文章就是在这种状况下写出来的。

大千世界，各有各的活法：有的沉湎灯红酒绿，有的追求权势金钱，有的喜欢轰轰烈烈，有的乐于淡泊宁静。我属于那种愿意坐冷板凳的人，“板凳要坐十年冷”，这是我甘于寂寞，潜心研究语文教材、教法的劝勉之言，我始终是这样做的。我的成功探索受到了人们的重视，我的科研成果得到了社会的承认，人民给了我很多政治荣誉：哈尔滨市政协委员、黑龙江省劳动模范、黑龙江省人大代表、黑龙江省优秀中青年专家。在中华人民共和国 50 华诞这一天，我又被国务院授予“享受政府特殊津贴”专家的证书。我把所有的这些荣誉都看成是人民对我的鞭策和期望。

使我最难忘的是 1988 年的金秋 10 月，我作为中国工会第 11 次全国代表大会的代表，在北京人民大会堂受到了邓小平同志的接见，并且握过这位巨人的手。当时，近在咫尺，我几乎听到了他老人家的呼吸，我感到幸福、自豪与骄傲。邓小平在我心目中永远是一座山峰，高耸入云，巍然屹立。因为没有邓小平同志的“科学技术是第一生产力”的英明论断，就没有伟大祖国辉煌的今天，也就没有我白金声的今天。30 多年来，我心无旁骛，虔诚一念，一直沿着“买书—读书—教书—写书”这条人生轨迹向前走着。其实，我是在大家都能走而不愿意走到底的道上探路，最终目的就是想在自己有限的教育生涯中留下一串脚印。对得起这个伟大的时代，对得起祖国，对得起人民，对得起自己。

“花甲”将至，往事如斯。我觉得一个语文教师的完整工作流程应当包括读书、教学、研究、写作四项活动，他的专业知识如同一棵大树的根系，他的教学实践如同大树的枝干，他的科研活动如同大树的花朵，他的教学论述如同大树的果实。这四者相辅相成，是一个相互为用的系统工程。

每一位成功的语文教师都是一本精彩的语文教科书，要写好这本“书”，必须要倾注生命。

最后，我想说，成功等于长期奋斗加上机遇。但机遇来了，没有奋斗，等于零。正在奋斗的青年教师们，你们要坚信，机遇迟早会到来的！

（摘选自白金声：《语文德育渗透艺术》，中国林业出版社2000年版。）

第七章 有为教师

教育的成败关键在教师。因此，教师的发展必须始终放在教育发展的突出位置。有为之师之所以能迅速成长起来，是因为自身努力与学校重视。且让我们一起来分享几位有为之师的成功经验，探索他们的成长之路，希图从中获得有益的启迪。

六十一

健康有为　君子谦谦

我是康有为纪念小学的一名数学教师，17 年的教学工作使我从一名新手型教师成长为一名富有经验的名师。我是荔湾区数学教研中心组成员，2013 年被评为区数学教研会理事，2006 年被评为荔湾区首届新星教师，2010 年被评为荔湾区骨干教师。参加工作以来，我都能在各项评比、竞赛中获得较好成绩。我勤恳、好学、善思；又能获得领导的关怀，长辈的关心，教研员的栽培，这一切都是促使我成为名师的“条件”。

（一）借鉴名师成长经验，形成个人独特风格

刚开始工作时，我就断定教师水平的差距关键在于思想认识的差距，教师如果想准确地把握教育教学观念，掌握教育教学方法，必须从模仿开始。这好比写字临帖，要先选择自己喜爱的一本字帖，从字形、结构开始描摹入帖，直至完全吃透其精神风格，然后再出帖。

我善于向有经验的名师学习，从教学方法到课堂结构，再到教学风格，这一切都从名师身上模仿习得，从观看名师教学实录获得，并结合自身特点和教学实际，注意理论学习。自然而然，我便成为具有独特教学风格的名师了。

（二）重视教学科研，提升专业水平

工作不久，我便很清楚地认识到，教学教研都很重要。课堂教学是主阵地，教师成才离不开课堂，教师专业发展也离不开课堂。科研可以促教学，为此，我积极投身课题研究，注重理论和实践的结合，并在行动研究中重建自己的教育观念，不断学习新方法新策略，不断提升教学技能。我把日常教学作为研究对象，习惯于每天都分析、调控自身教育教学中存在的问题和困惑，还重视培训学习，以不断提升专业水平。我深知教师只有向自己的能力挑战、开发潜在智慧，展示

自身价值，才能获得充实的精神生活，享受自我实现的心理满足。

（三）善于反思，总结提升

我是个反思型的人，很注重反思。我认为，如果一个教师仅仅满足于获得经验而不对经验进行深入的反思，那么即使有 20 年的教学经验，也只能停留在一个新手型教师的水准上。所以，我常常通过教学日志的形式记录当天的教学活动，特别是对教学过程中所发生的一些特殊事件进行详细的记载和分析。我反思的范围很广，比如，反思教材编排是否合理？教学情景是否符合学生实际？教案设计是否恰当？课堂提问是否能激发学生的思维？教师是否抓住了学生思维的闪光点？学生的课堂反应如何？教师是否认真分析了学生出错的原因？对于教学中出现的问题将来准备如何进行改进等。又比如，2006 年以前，我在奥林匹克数学培优工作中，总感觉力不从心。但在经验丰富的同行帮助下，我几乎每晚都自己做题，攻克难关，一边大胆开展培优工作，一边不断反思，不仅反思自己的解题方法，反思自己的授课方式，更反思如何关注学生参加竞赛的心理情绪等。2010 年之后，我已经成长为一个在培优方面有一定心得体会的教师了，不但在广州市小学数学教师解题能力比赛中获奖，而且还培养了多个在全国华罗庚数学竞赛上获奖的学生。

健康有为，君子谦谦，这句话正是我的最佳写照。我的成功经验告诉大家，只有以他人为师，不断学习，善于反思，才能成为名副其实的有为之师。

（康有为纪念小学　陈健君）

六十二

桃李不言，下自成蹊

——记谢凤霞老师

谢凤霞老师，是康有为纪念小学的一名普通教师，但是，不知从什么时候开始，同事们喜欢称她为“神”！说她是“神”，可是一点儿不假。谢老师的身体一直都不是很好，可恶的哮喘病总是困扰着她，特别是当天气突变，或是气温下降的时候，这病就来得特别急。看着谢老师苍白的脸，听着她粗重的喘气声，同事们都为她心疼。然而，当谢老师拖着病恹恹的身体走进课室之后，神奇的事情就发生了——她是那么的有活力！让人完全想象不出她之前的病态。为什么谢老师一走进课堂，就会不药而愈？同事们都清楚地记得，上学期开学不久，谢老师就住院了，大家都很担心她。可是没过两天，大家就看到谢老师出现在课堂上。后来，大家才知道，谢老师是从医院偷偷溜回来学校上课的。她“逃”了医生给她安排的“课”，就为了给自己的学生上课。慢慢地，大家都知道了，能让谢老师变得活力充沛的，不是医生开的药，而是学生，她时刻惦记着的学生！看着她神采飞扬，听着她娓娓道来，逐渐地，谢老师的形象在大家心中就幻化成了滴泪的红烛，自缚的春蚕！

每一位教师，从他踏上讲台的那一天起，都衷心希望自己能够帮助不同的学生有所发展，真正地实现“因材施教”、“有教无类”。但是，要真正实施起来，却不是一件容易的事。凡是跟谢老师接触过的人，都会很佩服她。谢老师的手上似乎有一根童话中仙女才有魔法棒！无论之前学习基础多薄弱的学生，在她的教育下都会有明显的进步！面对每个学年自己教的上百名学生，谢老师总是能够轻易地说出他们的知识特长。该怎么帮助不同的学生发展，谢老师早已成竹在胸。特别是对其他老师觉得“头疼”的学困生，谢老师都能举重若轻。每天下班之后，教室里依然可见谢老师勤劳的身影。此时，她的身影仿佛成了一束灿烂的阳光，她身边的学生就是虔诚地追逐着阳光的小向日葵！

桃李不言，下自成蹊。阳光的无私，小向日葵都懂！看着谢老师干裂的嘴唇，她的学生都会贴心地为她送上一杯热茶。看着谢老师的病容，家长们总会主动地搬来椅子让谢老师歇一歇……因为有了阳光，小向日葵越发茁壮了！学生们乐学、善学，一天一天在进步！一届届学生在不同级别的学科竞赛中屡屡获奖，带着满足与快乐踏上了新的学习旅程！

谢老师不是时代的脊梁，但正在为时代的发展贡献力量；谢老师不是发展的先锋，但在三尺讲台上默默奉献。她平凡却不平庸地践行着对党的教育事业的忠诚，用执着与辛勤谱写了一曲教育教学的神奇乐章！

（本文由康有为纪念小学谢凤霞老师口述，黄健萍老师记录整理。）

六十三

生命因语文教学而快乐

我在小学语文教学的园地上已耕耘了 18 年。从初登教坛时的青涩稚嫩，到逐渐了解语文教学的规律，再到现在与新课程同行，我对语文教学的爱丝毫未减，相反，我的内心充盈着因语文教学而生的快乐！

（一）勤奋学习——成长之乐

自踏上教坛之日起，我就切实感受到理论学习和自觉反思是一个教师成长的两翼！因此，我坚持潜心阅读教育教学理论，自觉学习和总结优秀教师的教育教学经验。我还虚心学习优秀教师的教育教学经验，做到兼收并蓄。我用心领悟优秀教师的教学理念，同时认真检视自己的教学行为，例如，为提高自己驾驭课堂的能力，我从不少优秀教师的教学实录中摘录他们的评价语、过渡语、总结语，并认真地分析其中的精妙之处；为提高自己理解教材的能力，我反复观摩优秀教师如何实践“对话”理论的教学片断。这样的“摘录”和“观摩”对于我教学能力的提高是大有裨益的。我在学习的过程中也充分感受到了个人成长的快乐。

（二）勇于实践——耕耘之乐

“千里之行，始于足下”，我深知光有理论知识是不够的，还必须加强教学实践。我一直致力于建设“实效”的语文课堂。我十分重视在阅读教学中进行随堂说写的训练，注意引导学生进行多角度、多种方式的表达。我也很重视学生预习能力的培养，并以此为突破口提高学生的思维水平以及自学能力。我特别关注中、小学语文教学的衔接。我充分利用教材，整理、勾连出语文知识间的逻辑关系，引导学生结合学习的经历归纳出学习的方法，帮助学生构建基本的知识框架。

我还乐于承担各类的研讨课、公开课，一直积极参与“教学练兵活动”。

2005 年 6 月 17 日，我代表区在广州市小学语文新课程研讨观摩活动上，展示了一节有关成语的综合实践活动课。我能够努力营造成语的文化氛围，充分挖掘社区的教育资源，为学生理解、运用成语提供了广阔的空间。市教研室小语科的老师和其他区的教研员，对我的创新设计给予了充分肯定，认为这是一节很有内涵的语文实践课。2006 年 11 月，在区“有效教学”研讨会上，我执教了《学弈》；2007 年 12 月，在区的“新课程成果展示”会上，我执教了《飞向蓝天的恐龙》；2008 年 3 月，我参加区阅读教学竞赛，执教《乡下人家》，获得了一等奖；2009 年 12 月，在区“构建学习型课堂教学”研讨会上，我执教了《最后一头战象》；2010 年 4 月，在广东省“千校扶千校”活动中，我为惠州市良井镇的领导和骨干教师展示了课例《跨越百年的美丽》。这些包含着我对教学的热爱与理解的课例均受到了市、区教研员以及听课老师的一致好评。

（三）积极反思——“破茧”之乐

教学实践的过程中有苦也有甜。在我看来，这些“苦”或“甜”都是很好的教学资源，而要充分利用这些资源的有效方法就是反思。我有一个习惯——写教学后记，这些教学后记里面有我对教学成功的经验总结，有我对教学问题的思考，更有我对解决问题的设想。坚持反思，使得我深刻地认识到学生永远是教学过程中的主体，忽略学生主体地位的教学注定是失败的。今后，在培养学生的语文素养、提高学生阅读的质量、拓宽学生的知识面、培养学生收集与处理信息的能力方面必须花大力气，必须要进行扎扎实实的训练。

（四）参与科研——“拔节”之乐

开展课题研究会有效促进学科教学水平的提高，教师的专业素质也会因参与课题研究而得以提高。我一直都乐意参加课题研究活动。

我结合自己的教学实践，思考并生成小课题，以个人名义连续三年申报区的小课题，均顺利立项并成功通过结题。2006 年至 2009 年，我还参加了广州市的“中小衔接”课题研究。我在跟踪、了解了毕业生到中学之后的学习状况的基础上，在认真分析、比较了初中和小学的语文教材后，结合自己的教学实践，撰写了《强化自读自悟，有助中小学阅读教学的顺利“接棒”》一文。这篇文章后来被收入《广州市中小衔接课题研究成果集》中。作为成果完成人之一，我参与《立社会志，做有为人——构建有为教育模式》课题研究。作为课题组骨干，参加广州市教育科学“十二五”规划（第一批）课题——《融汇思维培养的小学语文课堂教学有效性研究》。作为课题的管理者、联系人，2012 年参加区级课题——《一校多址下的课题引领，研训一体的校本培训模式研究》。作为核心成员，参加了 2013 年《建设广东特色基础教育语文课程教材体系》课题研究。

（五）讨论交流——分享快乐

作为分管学校教学工作的行政人员，我十分关心青年教师的成长，带领年轻老师们认真学习课程标准，扎实进行教学实践，积极开展各种形式的教研活动。我所分管的语文科组，被评为广州市优秀科组。我一直是学校语文学科学生竞赛的主要辅导教师，近几年学校在广州市、荔湾区的小学生语文能力竞赛中获得骄人成绩。2010 学年共有 7 人次获区一等奖，3 人获市二等奖；2011 学年有 1 人获市二等奖，多人分获区一、二等奖。

我还能积极发挥“品牌教师”的辐射作用。2009 年 11 月，在广州市远程教育中心承担名师辅导课程；2011 年 3 月至 2012 年 6 月，开设了“小学语文实效课堂研讨”的继续教育课程；2010 年 4 月至今，先后为惠州市良井镇宏基小学，荔湾区龙溪小学，阳山县第一小学，萝岗区九龙一小、二小，从化市吕田二小的领导和老师展示课例或进行专题讲座，均受到有关领导、教师的好评。

18 年来，我从一名普通的小学语文教师，成为康有为纪念小学的教导主任，广州市骨干教师，荔湾区小学语文教研会副理事，荔湾区首届品牌教师之“优秀教师”，荔湾区第二届品牌教师之“荔湾名师”，荔湾区“小学语文名师”工作站副主持人。

我努力以踏实、扎实的教学行为诠释自己对语文教学的热爱与诚意，努力践行“有为”精神。语文教学已经成为我全部生命的一部分，我的生命也因此而变得快乐！

（康有为纪念小学　黄健萍）

六十四

幸福是因为“有为”

作为一名体育教师，我一直有种幸福感。从小我就迷恋体育，在同学们面前我就是体育达人，田径、球类、体操、武术我是无所不能，样样精通。上帝好像也特别眷顾我，让我成了一名小学体育教师，让已是而立之年的我展示我的才能，延续自己的梦想。看到我的学生就像看到了自己的童年，那种亲切感幸福感让我挑起了一份责任！

人的一生必须有所为，“有为”是对自己最好的评价。怎样让我的学生像我一样在体育课堂中享受着幸福，一直是我追求的教学理想。在体育教学中，只要能让学生快乐学习，享受着学习的成功喜悦，我就感到满意了。

从教 17 年，我总结出教师要想教有所为，必须遵循以下几点：

第一，力求一个“新”字，即内容新、方法新，能让学生上课的注意力始终跟着教师在走。

第二，力求一个“活”字，即目标要活，要尽量照顾到每一个学生。师生的交流与合作要活，要激发学生上课的兴趣，让学生学会合作、学会探究、学会创新；师生的评价方式要活，要营造出一个良好的课堂学习氛围，师生互相合作，共同进步。

第三，力求一个“度”字，即教学目标要适度，练习要针对每一个学生的实际情况，要求要有所不同。布置的练习要适度，不要给学生太大的压力。

第四，力求一个“变”字，即以“研”促变。教学中你会遇到不同的小问题，通过对小问题的研究找准切入点使自己改变，让学生觉得你更贴心了，使自己上课更顺心了，幸福感不就随之而来了吗？记得那是一堂跳山羊课，明媚的阳光透过树叶照射在快乐练习的同学们身上，让同学们练习的心情格外舒畅。这堂课我是精心准备过的。场地的安排、山羊的选择，都根据不同素质学生的特点做了调整；体育骨干的选择、小组合作的分配，以及学生练习观察的站位都采用了梅花站位，这些都可以说是面面俱到。我完美的示范把学生练习的积极性推向了高潮，下课小结的时候正当我言语高昂地说学生练习得不好的时候，班上的体育委员却向我提了个小小建议，这个建议得到全班同学的认同，我也表示赞同。她说："老师，我们很喜欢你上的课，可是你能不能在上课的时候语气别那么硬邦邦的呀，可以吗？还有，请别总说我们不好，可以吗？"下课后，我一直回忆我这么多年上课的语气，感觉确实对学生过于严厉，并不符合儿童的学习特点，这正是我课堂上的缺点，我非常虚心地接受学生的建议。后来，我在课后总结的时候总是先说学生的优点，然后再说学生在某方面有待提高或改进，让学生有成功感。

看到我的学生一个个快乐地学习、健康地成长，我也跟他们一样，正在享受着我的体育教学，但愿与他们一道，共同成长、共同进步、共同发展。我的幸福正因为学生的幸福而幸福，而这些幸福也可归结为有为教育所产生的积极作用。

（康有为纪念小学　乐国建）

六十五

著名特级教师王崧舟的成长故事

王崧舟，男，1966 年 10 月出生于浙江上虞。现任杭州市拱宸小学教育集团理事长兼拱宸桥小学校长。他是全国著名小学语文特级老师、国家级学科带头人、浙江省小语会副会长、杭州市小语会会长、浙江省特级教师协会理事。先后被评为全国小语会先进工作者、全国语文“四结合”教改试验先进个人、浙江省优秀青年教师、绍兴市学科带头人、上虞市十大杰出青年、上虞市十佳优秀教师，其事迹先后被收入《当代中国人才库》《中国专家人才库》。

自 1984 年参加教育工作以来，王崧舟长期醉心于小学语文教育改革实践和小学语文教学艺术的追求，凭着自身的不懈努力和扎实功底，逐步形成了一种灵巧而扎实、雅致而简洁的教学风格；他积极倡导“诗意语文”的理想和信念，主张以发展学生的语感素养为核心，从生命成长的高度来观照和深化语文教育改革，在促进学生语言和精神协同发展（即生命和谐发展）的同时，努力实现自我生命的和谐发展，让师生在语文的大地上诗意地栖居。

王崧舟从一个普通教师成长为一个著名特级教师、著名校长，一路走来，他坚信“人品、师品、学品、文品、课品”的统一是事业成功的基石；他所追求的是这样一种事业境界——在促进学生生命和谐发展的同时，努力实现自我生命的和谐发展，让师生在语文的大地上诗意栖居。

王老师将自己的专业成长按五年一段分为四个发展阶段：

第一个阶段是“崭露头角”的五年：19 岁就成了绍兴市教坛新秀，20 岁就成了上虞市实验小学的教学主任，23 岁就成了上虞市百官小学的副校长。王老师认为他能少年得志、平步青云的主要因素就是机遇，因为“文革”十年耽误了几代人，而恰好 84、85、86 届师范毕业生又抢占了先机。

第二个阶段是“孤独沉潜”的五年：王老师认为这五年是自己专业成长中最低迷、最孤独的时候，翻开自己的档案，发现自己除了埋头教书、埋头读书、埋头研究、埋头帮助别的老师外，自己没有任何获奖、没有任何公开课、没有任何荣誉，抛头露面的机会都给了别人。但他认为，这五年自己也在成长、也在发展；成长、发展的主导因素是志趣，主要方法是读书和听课。他读些什么书呢？他说，无论是宗教类、哲学类、文学类的，还是美学类的，甚至是“老三论、新三论”的书，人物传记类的书等，只要有感觉、有兴趣都拿来读，因为“读诗如饮酒，读散文如品茶，读小说如享佳肴，读历史如聆听沧桑老人漫话如烟往事，读哲学如对视一双深邃的眼睛，目光如炬，烛照灵魂”。这五年中他还听了不少于200节各种各样的课，而且养成了一边听一边写反思的习惯，很多时候是听完后就马上和授课教师交换意见；也是这个阶段，他开始对当时的课堂进行微格研究，如研究导入、点拨、表达、训练、结课等，而且这些研究成果都曾发表在《浙江教育》上。王老师曾说过，由于这五年的沉潜，肚子里装了近100本书、上了1 000节课；在平静底下，生命的能量却不断贯注、不断膨胀，才有了后面的“一鸣惊人”和“独树一帜”。

第三个阶段是“一鸣惊人”的五年：在这一阶段，王老师以自己的名义第一次举办了“王崧舟语文教学艺术展示周”活动；成了全省最年轻的小学语文特级教师，还上了《中国教育报》；他教的《万里长城》一课一炮走红，声名远播。王老师在总结这一段成长经验时说过，这其中既有机遇的因素，更有才情的因素。才情从哪里来？从不断地学习实践、磨课反思中来。他列举了这样一个例子：为了上好《万里长城》一课，前前后后修改了12次。他总是和自己“较劲”，喜欢和自己“过不去”，然而自己的才情就这样汩汩地冒着，语文教学也这样不断地超越着——从《万里长城》到《威尼斯的小艇》，从《鸬鹚》到《我的战友邱少云》，从《荷花》到《草船借箭》，从《小珊迪》到《只有一个地球》，就这样不断出新、出奇、出彩。

第四个阶段是“开创流派”的五年：王老师说过，在这个阶段，机遇已经不再起任何作用。这个阶段的成长，主导因素就是“使命”。也正是因为有了强烈的使命感，王老师才有了对语文的庄重承诺，有了道义的担当，有了价值的坚守，更有了充满诗意的浪漫追寻——他跑遍全国上课、开讲座，彰显出“精致、和谐、大气、开放”的杭派语文教学风格，并在小语界扯起了“诗意语文”这面鲜红的大旗，还成功举办了全国第一届诗意语文教学观摩会，在全国小语界产生广泛影响。

在促进专业成长和追求人生境界中，王老师就是这样，既紧紧抓住每一次千载难逢的机遇，又坚持脚踏实地自主跋涉，一步一步向前迈进。他在自主跋涉的“修炼方式”过程中追求“人生境界”，实在值得我们总结和借鉴。

（摘选自王崧舟：《王崧舟教学思想与经典课堂》，山西教育出版社2005年版。）

六十六

名师钱梦龙的自述：路是这样走出来的

我为什么选择教师职业？

我并不是师范院校毕业生，当教师完全是出于个人的选择。我初中毕业以后，因母亲病逝，家道中落，只读了三个多月的高一就失学了。在家待了半年左右，上海解放，翻天覆地的变化激起了我投身社会建设的热情。

可是我能为这个新生的社会做些什么呢？

当时我第一个想到、也是唯一能想到的，就是当教师。因为我的心中装着一位教师的完美形象，是他使我切身感受到了教师工作的崇高和不同寻常的意义。

我从小智力平平，生性顽皮，不爱学习，到小学五年级的时候已创下了三次留级的“记录”。老师送给我的评语是“聪明面孔笨肚肠”。自卑的阴影笼罩着我，使我完全丧失了进步的信心。但在我五年级留级后，遇到了一位终生难忘的好老师——武钟英老师，这是我一生的幸运。

武老师教我们国语课兼级任教师，上课的第一天就把我叫到办公室，拿出一本四角号码小字典，对我说：“现在我教你四角号码查字法，如果你能学会，就可以证明你不是什么‘聪明面孔笨肚肠’。你想证明一下自己吗？”我当然很想知道自己究竟笨还是不笨。结果在武老师的指点下很快学会了这种查字法，这使我对自己的信心大增。接着武老师又给我布置了一项任务：在他每教新课之前，由我把课文里的生字从字典里查出来抄在黑板上，供同学们学习。一个长期被同学们看不起的“老留级生”，居然还能担任如此光荣的任务，自然感到从未有过的自豪！由于我爱武老师，也爱上他的课，对他布置的作业都能认认真真、一丝不苟地完成，于是不断在国语课上受到表扬。到六年级时，武老师又把我的一篇作文推荐给县里的一份报纸，居然发表了。当我看到自己的名字变成了铅字，清清楚楚地印在报纸上时，真比登台领奖还要风光十倍！

最难忘的是领小学毕业证书和成绩单的那一天。记得武老师把成绩单发到我手里的时候，亲切地拍着我的肩膀说：“钱梦龙，看看我给你写的评语吧。”我至今对打开评语栏时看到的第一句话仍然保持着强烈的印象，这句话是：“该生天资聪颖!”我知道，这是武老师两年来帮助我一步步克服自卑、自弃心理的最后一步。至此，“聪明面孔笨肚肠”那句话投在我心灵上的阴影，已被自信的阳光驱散得无影无踪了。当我进入初中的时候，已经是一个酷爱读书的少年郎了。

今天，我可以毫不夸张地说，正是武老师用他真挚的爱心和出色的教育艺术，把我从“差生”的路上拉了回来，乃至改变了我的一生。

1949 年，当我决定投身社会建设，面临选择的时候，又是武老师的形象坚定了我当一名教师的决心。于是我到县城西门外的一所初级小学去毛遂自荐，居然感动了校长，让我当了一名义务教师。这就是我教师生涯的开始。

从我走上讲台的那一刻起，五十多年来，武老师始终是树立在我心中的一支高高的标尺。是他，不断地鞭策、鼓舞着我努力做一个像他那样对学生充满爱心的教育艺术家。

我也懂得了一个道理：人的能力暂时低一些不要紧，但心中的标尺不能低。

我是怎么胜任高中语文教学的呢?

我在小学担任义务教师仅一个学期，就得到了一位中学校长的赏识，1950 年开始到中学兼课，1951 年成为专职中学语文教师，直至 1957 年上半年止，26 岁的我已是这所县重点中学的高中语文教师、教研组长、优秀教师。当时县教育局举办教师暑期培训班，还聘我担任语文班的主讲教师，为比我年长得多的语文教师讲课。

人们觉得奇怪：一个仅有初中学历的青年教师，怎么可能胜任这样的教学任务?

对这个问题，有时候自己都有点纳闷：我究竟是凭什么胜任高中和语文教师培训班的课程的?细细想来，无非是凭着这样两条：一条是学生时代打下的扎实的国文基础；另一条是教学中采取了“反求诸己”的策略。

我在中学读书时，国文成绩突出，可以说完全得益于我的自学。我爱读书，也爱写文章；为了写好文章，阅读时又养成了琢磨文章的习惯，尤其在国文课上，老师每次开讲新课之前，我总要先把课文好好琢磨一下，到听课时就把自己的理解和老师的讲解互相印证、比较。这种学法，把单一的“聆听”变成了全方位的“思考”，不但知识学得活，又锻炼了思维能力。课外，我杂览旁搜，读了不少书，古典的、现代的、中国的、外国的，诗词、散文、小说、理论，都爱随便翻翻。由于爱写作，又独自创办了一份名为“爝火”的壁报，自己撰稿，自己编辑，定期刊出。不间断地阅读和写作，使我的知识积累和语言表达能力都明显高于我的同龄人，这又反过来促进了我课内的国文学习。每次国文考试前我从不复习，但都能稳稳当当地名列榜首。可见，我虽然只有初中学历，但我的语文“学力”事实上已远远高于初中。

其次是在教学方法上比较善于体悟。《诗》云："执柯伐柯，其则不远。"早年学习国文的这些经验在我当了教师后正好给了我教好语文的启示。初为人师的我根本不懂什么教学法，但我深信，自学既然能帮助我学好国文，肯定也能帮助我的学生学好语文。

因此，在语文课上我尽量调动一切手段，或提些有启发性的问题，或设置能引起学生思考的悬念和情境，想方设法激起学生读书、求知的欲望和兴趣，引导学生像我当年学习国文那样学习语文；教学生读课文时，自己尽量少讲，多留一点时间给学生自己读书和思考。当时脑子里还没有"教学艺术"的概念，这种从自己独特的"学历"（自学的经历）中体悟出来的"教学法"，与当时语文教学中普遍采用的刻板的串讲法确实不大一样，学生学得比较主动，读书、写作的兴趣也很高，因此受到了学生的欢迎，弥补了我学历不合格的"先天不足"。

1956 年，我因教学成绩比较突出，被评为优秀教师，并被指定在全县优秀教师大会上宣读了《语文教学必须打破常规》的论文。这篇论文，标志着我的语文教学改革意识的觉醒。我在 1980 年以后陆续提出的"自读"、"教读"等概念，"学生为主体，教师为主导，训练为主线"的教学观，以及在此基础上构建的"语文导读法"，追根溯源，都可以从我自学、体悟的历程中找到依据。

由此我想：一个人在中学（尤其是初中）阶段打下厚实的语文基础，知识面广，能读善写，对他今后（乃至毕生）的发展，其作用通常比想象的要大得多；一个教师如果能从自己的发展过程中悟出某些带有规律性的认识，用以指导自己的教育教学实践，他就很可能成为一个教育艺术家或教学艺术家。

（摘选自教育部师范教育司：《教育家成长丛书：钱梦龙与导读艺术》，北京师范大学出版社 2006 年版。）

六十七

全国模范教师吴正宪成长历程

吴正宪，1954年生，全国模范教师、全国著名数学特级教师、民进中央委员，现任北京市教委基础教育研究中心小学数学室主任。国家教育部中小学教材审查委员、教育部课程发展中心新课程委员会常务委员、中国教育学会小学数学研究会副秘书长、常务理事。代表论著有《吴正宪与小学数学》《吴正宪数学教例与教法》《吴正宪创造了孩子们喜欢的数学课堂》等。

吴正宪老师在她的代表论著《吴正宪与小学数学》中说："教师工作是我生命中的重要经历。我在年复一年、日复一日地付出、奉献，我也在年复一年、日复一日地收获。我收获了孩子们的那份真诚与渴望；收获了老师们的那份热情与期待；收获了社会的认可与尊重。同时我也在探索教育教学改革的道路上，获取了自身成长过程中的成功和快乐，实现了个人生命价值与教师职业生命价值的和谐统一。"

（一）自主学习

1970年7月，初中毕业不满16岁的吴正宪踏上了教育的征程。由于她的勤奋好学，1978年她被选送进北京第一师范学校深造。深造毕业后，第一次接受并开始了数学教学的任务。这一年的暑假，小学数学12册的例题、思考题都被吴老师做了一遍，根据知识的联系，整理了知识的网状图。为了提高自己的数学素养，她博览了大量的数学书籍、研究古代名题、趣题、难题，演算用的草稿摞起来比写字台还高。她还精心整理了《思维训练题》《趣味数学题》等学习笔记。就这样，经过十几年的潜心磨砺。1994年，她调任区教育研究中心。1997年任小学部主任。她参加成人高考辅导，又到市党校学习，两年后专科毕业。

1998年她又参加北京市中青年骨干教师培训班。2000年被选送到东北师范大学参加教育部主办的国家级骨干教师培训。2002年，她调入北京市教科院基教研中心任小学数学室主任。担任国家教育部中小学教材、《全日制义务教育数学课程标准》（实验稿）及21世纪实验数学教材的审定工作，是北京市新课程数学教材的编委。

随着教学改革的深入，吴正宪老师开始有计划地学习教育科学理论。为了系统了解教育心理学的知识，她读了日本山内光哉教授编著的《学习与教育心理学》，读了林崇德先生编著的《智力发展与数学学习》，懂得了教学中如何协调智力与知识技能的关系，对在数学教学中如何发展学生的智力找到了依据。为了知道如何努力实现教学教育过程的优化，她读了苏联教育科学院副院长巴班斯基的《教学教育过程最优化问答》，读了苏霍姆林斯基的《给教师的建议》，深深被他展现在读者面前生动活泼的案例以及富有哲理的讲解而吸引。

在《教育心理学》理论的指导下，她就试着做小学生学习心理的研究；在《教育评价》的引领下，她就尝试着在实验班做学习评价改革……她认真阅读教育理论书籍，并认真做好学习笔记，至今20多本写满密密麻麻的学习体会笔记本和教学随笔还珍藏在书柜中。

（二）专业引领

吴正宪老师拜全国著名的小数界教学专家马芯兰老师为师。一次，校长带领全校数学老师都去听马芯兰老师的课。回校讨论时，老师们都说马老师的的课讲得真好，大家议论一番，赞扬一番，也就过去了。谁知吴正宪老师动心了，她向校长要求，天天去听马老师的课，学习马老师的教学经验。马老师当时在幸福村小学进行教学改革实验。吴正宪老师与北京市小学数学特级教师刘梦湘老师确立师徒关系是于1992年在人民大会堂举行的拜师会上，他们一起进行了“小学数学归纳组合法实验”。通过了专家的鉴定，引起教育界的较大关注。刘梦湘老师当时是区教研员。吴正宪老师的第三个师傅是北京实验一小特级教师、德高望重的老前辈缪玉田老师，这次拜师是由刘梦湘老师引荐的。2000年被选送到东北师范大学参加教育部主办的骨干教师国家级培训，又有幸成为东北师范大学教科院院长马云鹏教授的学生。北京师范大学周玉仁教授、上海特级教师顾汝佐老师、中科院心理研究所张梅玲教授也都是吴正宪的老师。马云鹏、周玉仁教授都是知名教育专家，想必我们数学学科的老师也都听过他们的报告。

独白：

我取得优秀成果的主要经验和体会：勤奋；用心做事；勤于笔耕。

我的人生格言是：脚踏实地，一步一个脚印地朝着理想目标走出自己的路。

最想对教师说的话是：做一名好老师，就从上好每一节课开始吧！

吴正宪老师用事实告诉我们：脚踏实地、厚积薄发、善于学习、重视积累、贵在坚持，在教育教学改革之路上绝无捷径可走。有哭的跋涉，才会有笑的收获。

［摘选自吴正宪：《吴正宪与小学数学教育家成长丛书》（第一辑），北京师范大学出版社2007年版。］